Novo mundo rural

FUNDAÇÃO EDITORA DA UNESP

Presidente do Conselho Curador
Mário Sérgio Vasconcelos

Diretor-Presidente
José Castilho Marques Neto

Editor-Executivo
Jézio Hernani Bomfim Gutierre

Superintendente Administrativo e Financeiro
William de Souza Agostinho

Assessora Editorial
Maria Candida Soares Del Masso

Conselho Editorial Acadêmico
Áureo Busetto
Carlos Magno Castelo Branco Fortaleza
Elisabete Maniglia
Henrique Nunes de Oliveira
João Francisco Galera Monico
José Leonardo do Nascimento
Lourenço Chacon Jurado Filho
Maria de Lourdes Ortiz Gandini Baldan
Paula da Cruz Landim
Rogério Rosenfeld

XICO GRAZIANO
ZANDER NAVARRO

NOVO MUNDO RURAL

A ANTIGA QUESTÃO AGRÁRIA E OS CAMINHOS FUTUROS DA AGROPECUÁRIA NO BRASIL

editora
unesp

© 2015 Editora Unesp
Direitos de publicação reservados à:
Fundação Editora da Unesp (FEU)
Praça da Sé, 108
01001-900 – São Paulo – SP
Tel.: (0xx11) 3242-7171
Fax: (0xx11) 3242-7172
www.editoraunesp.com.br
www.livrariaunesp.com.br
feu@editora.unesp.br

CIP – Brasil. Catalogação na publicação
Sindicato Nacional dos Editores de Livros, RJ

G822n

Graziano, Xico
  Novo mundo rural: a antiga questão agrária e os caminhos futuros da agropecuária no Brasil / Xico Graziano, Zander Navarro. – 1. ed. – São Paulo: Editora Unesp, 2015.

  ISBN 978-85-393-0599-5

  1. Agropecuária – Brasil – História. 2. Agroindústria. 3. Agricultura. I. Navarro, Zander. II. Título.

15-23674   CDD: 630.9
                                                             CDU: 63(09)

Editora afiliada:

Asociación de Editoriales Universitarias de América Latina y el Caribe

Associação Brasileira de Editoras Universitárias

Sumário

Prefácio 1
Fernando Henrique Cardoso

Apresentação: modernizar as ideias é preciso 9
Xico Graziano e Zander Navarro

PARTE 1 – A QUESTÃO AGRÁRIA – O CONTEXTO HISTÓRICO

Um novo paradigma agrário 23
Xico Graziano

História concisa da agricultura brasileira: do pós-guerra aos nossos dias 53
Zander Navarro

PARTE 2 – A REFORMA AGRÁRIA E AS LUTAS SOCIAIS PELA TERRA

O moderno dilema da reforma agrária 79
Xico Graziano

Dezesseis teses sobre o MST e a reforma agrária 117
Zander Navarro

Parte 3 – E o futuro?

O drama dos com-terra   155
Xico Graziano

"Agricultura familiar" e a nova fase da agricultura brasileira   171
Zander Navarro

Sobre os autores   191
Referências bibliográficas   193

Prefácio

Fernando Henrique Cardoso[1]

Este livro merece receber a atenção dos interessados nos temas rurais, na questão agrária e nos caminhos futuros da agropecuária brasileira. Seu conteúdo mostra uma visão renovada sobre o campo, um entendimento gerado a partir do recente processo de modernização capitalista que alterou profundamente o patamar da produção agropecuária no Brasil. Ele expressa, como poderão ver, uma fundamentada crítica ao pensamento tradicional de esquerda sobre a questão agrária, apontando os novos caminhos para as reflexões sobre o campo.

O curioso, e brilhante, é que o livro se origina de dois conhecidos autores que, outrora jovens idealistas, se inspiraram nos escritos marxistas e cultivaram o sonho da transformação social, entendida como a única via capaz de erradicar a miséria no campo e desenvolver o país. Ambos militaram na esquerda democrática durante os anos cinzentos do regime militar, afrontaram o autoritarismo e lutaram pela redemocratização. Suas histórias de vida os credenciam para o combate a que se propõem na história das ideias agrárias do país.

---

1 Sociólogo, foi senador (1983-1992), ministro da Fazenda (1993-1994) e das Relações Exteriores (1992-1993) e presidente da República (1995-2003).

Em suas trajetórias profissionais na universidade, em órgãos públicos ou nas instituições civis, Xico Graziano e Zander Navarro sempre mostraram argumentos consistentes e escreveram valorizando as discussões mais substantivas. Atentos e não dogmáticos, os autores perceberam a necessidade de atualizar suas categorias de análise, rever os modelos conceituais, buscarem novas interpretações teóricas para entender as mudanças da realidade agrária. Eles não "mudaram de lado"; tiveram, isso sim, a capacidade, intelectual e política, de entender o novo momento vivido pelas populações rurais e pelo desenvolvimento agrícola brasileiro. Sobretudo, tiveram a coragem e a ousadia, embasadas necessariamente em boa dose de humildade, de rever muitas de suas próprias teses e posições políticas. E foram além: demonstraram honestidade em colocar no papel suas reflexões, abrindo-se, quase forçando o debate, numa atitude nem sempre bem entendida pelos representantes da esquerda conservadora.

Creio que, entre as razões para essa evolução intelectual dos autores, se encontra a preocupação de ambos com a análise da realidade, a busca do conhecimento factual, pois nunca se acomodaram nos confortáveis escritórios e, pelo contrário, sempre colocaram o "pé na estrada", mostrando ser estudiosos que se interessam, sobretudo, pela concretude dos processos sociais. Sob a ótica de Zander Navarro, a busca do empírico reflete uma opção metodológica e teórica que vem inspirando seus trabalhos ao longo dos anos. Xico Graziano, ademais, é agrônomo envolvido diretamente nas lides do campo, sendo também produtor rural, uma tradição secular da família. Os leitores poderão sentir que, sob esse requerimento epistemológico de "colar- -se ao concreto da vida", brotam análises que se afastam das visões de uma esquerda convencional que havia sido a fonte inspiradora inicial para os próprios autores, no início de suas carreiras como estudantes pós-graduados e professores universitários. Jamais, porém, abandonaram o pensamento progressista, tornando-se conservadores.

Lendo os textos, originalmente publicados sob variadas motivações, em meios distintos e com estilos diferentes, percebe-se uma grande convergência entre os dois autores. A visão, ou seja, o modo de raciocínio de ambos se aproxima notavelmente, seja nos escritos mais soltos do Xico, seja nos textos acadêmicos do Zander. Suas semelhanças, certamente, foram construídas bem antes, primeiramente na formação básica em Agronomia, e depois avançando nas suas temáticas da pós-graduação, quando participaram de uma interessante experiência (o "Projeto PIPSA", financiado pela Fundação Ford), que concedeu a muitos estudiosos dos processos sociais rurais a oportunidade de encontros periódicos, durante vários anos, para debater os rumos do desenvolvimento agrário nacional. Curiosamente, soube apenas agora, nunca mantiveram convivência pessoal mais próxima.

Logo após conhecer Xico Graziano, que tem trabalhado comigo há tantos anos, desde minhas andanças nas campanhas de senador até hoje, tive a oportunidade de prefaciar seu livro *A tragédia da terra*, escrito a partir de sua tese de doutoramento na Fundação Getulio Vargas de São Paulo (FGV-SP). Julguei o trabalho, conforme escrevi na época, heterodoxo e corajoso, uma prova da necessidade política de rompermos com nossos preconceitos ideológicos, na questão agrária ou nos demais temas correlatos, para entender os novos desafios trazidos pela era contemporânea. Seu livro combatia uma persistente ilusão. De lá para cá, mesmo tendo deixado a carreira universitária para entrar na política, elegendo-se por duas vezes deputado federal pelo meu partido, o PSDB, e ocupando vários cargos públicos, manteve sua busca intelectual focada nos novos caminhos da agropecuária nacional.

Ao contrário do Xico, Zander se distanciou dos partidos e mergulhou na "micropolítica", a política de base, participando ativamente dos movimentos sociais no Sul do Brasil, embora sem jamais abandonar suas atividades acadêmicas na Universidade Federal do Rio Grande do Sul (UFRGS). Foi um dos primeiros pesquisadores a criticar publicamente o então prestigiadíssimo MST, e suas análises sobre essa organização política foram sendo posteriormente aperfeiçoadas em diversos outros artigos, o mais emblemático deles reproduzido neste livro. Pude conhecê-lo ainda nos anos 1990, quando escreveu um instigante artigo intitulado "O Brasil precisa da reforma agrária?", texto que discutimos madrugada adentro, em uma longa e produtiva conversa.

Sou, portanto, testemunha próxima do esforço de ambos os autores para trazer ao debate político nacional uma visão rejuvenescida dos nossos problemas agrários, ressaltando os novos movimentos e a decorrência do desenvolvimento capitalista no campo. Eles têm sido bons observadores e estudiosos de uma profunda transformação estrutural da economia, da política e da sociedade brasileira: a nítida e irreversível passagem de uma etapa histórica, que os livros do passado chamaram de "agrário-exportadora", para a moderna e diversificada economia atual, uma das mais promissoras do planeta. Sob tais mudanças gerais, as regiões agrícolas do interior foram igualmente transformadas e, aos poucos, iluminou-se um inédito mundo rural. Em paralelo, essa passagem foi corroendo as interpretações de antanho, sobretudo aquelas que privilegiavam os temas agrários relacionados à estrutura de propriedade da terra e sua histórica concentração legada pelo processo de colonização. Com o auxílio da moderna tecnologia, abriram-se as portas para a erradicação do passado agrário e sua miséria secular.

Os textos de Zander Navarro, especialmente, demonstram o abismo entre diversos aspectos desse campo teórico e as manifestações pretensamente interpretativas de boa parte dos autores brasileiros e enfatizam-nas como sendo perspectivas surpreendentes – algumas vezes inacreditáveis. Um exemplo chocante é o uso que diversos autores, em nossos dias, ainda fazem do termo "camponês", uma opção que causa perplexidade, diante da história conceitual e o significado analítico do termo. É insistência desses autores que desqualifica seus esforços de pesquisa. E o que dizer então de uma "Via Campesina"? Existiria denominação mais estapafúrdia ante a moderna realidade produtiva do campo brasileiro? Como interpretar as decisões políticas de uma organização que prega o arcaísmo social, embutido na noção sociológica de "camponês", comparado com o ímpeto irrefreável de modernização tecnológica da agropecuária brasileira?

Por seu turno, Xico Graziano, de forma mais coloquial, própria de um articulista, como de fato tem sido no jornal *O Estado de S. Paulo*, demonstra sua sensatez argumentativa, por exemplo, quando indaga em um de seus textos sobre a política de formação de assentamentos rurais brasileira:

> É falsa essa polêmica sobre a quantidade dos assentamentos. Ela distrai a atenção sobre o dilema fundamental: qual o resultado concreto dos projetos? As famílias assentadas estão produzindo bem? Auferem renda? Vivem com dignidade? Em outras palavras, como vai a qualidade da nossa reforma agrária?

Na Presidência da República, minha equipe, e eu próprio, nos deparamos com essa dúvida sobre os resultados concretos da reforma agrária que vinha sendo executada pelo governo, que parecia não mostrar resultados alvissareiros tanto na produção como também na qualidade de vida dos assentados. Logo ao iniciar meu segundo mandato, em março de 1999, lançamos um conjunto de medidas, dentro do programa chamado Novo Mundo Rural, procurando reorganizar nossa agenda no desenvolvimento rural, buscando um modelo mais sustentável, integrado, longe do paternalismo tradicional. Anunciamos a criação do Banco da Terra, para facilitar a arrecadação de novas áreas para a reforma agrária, e abrimos a linha "A" do Programa Nacional de Fortalecimento da Agricultura Familiar (Pronaf), para financiar os assentados, tratando-os como produtores familiares. Nosso intento era, mais que oferecer lotes, consolidar essa categoria de pequenos produtores no campo. Curiosamente, porém, a oposição política ao meu governo, liderada pelo PT, junto com os chamados movimentos sociais ligados à terra, elevaram sua crítica ao meu governo, acusando-me de "entregar a reforma ao mercado", falando em capitulação ao agronegócio, essas baboseiras ideológicas as quais o Xico e o Zander, como os leitores podem comprovar neste livro, combatem tão firmemente.

Certa vez, nos momentos iniciais de minha primeira disputa eleitoral para a Presidência da República, uma maledicência jornalística divulgou que eu teria afirmado, no intuito de agradar aos empresários presentes numa reunião, que esquecessem o que eu havia escrito. O evento, de fato ocorreu, mas, diferentemente do noticiado, eu simplesmente argumentara o que toda pessoa modestamente inteligente, e não arrogante, deveria sempre afirmar ou manter como princípio geral: ancorar-se em continuado pensamento crítico acerca de análises anteriores, sempre que os ingredientes da realidade emergirem com tal exigência. Nem se trata de um princípio necessariamente ligado "ao método", mas apenas à expressão da sensatez. Os processos sociais são necessariamente mutantes porque são históricos, sendo por essa razão que a Sociologia não foi capaz de nos legar muitas "leis sociológicas". São raras as leis de causalidade aceitas nesse campo científico, pois o peso da História é determinante sobre os processos sociais.

Eu jamais senti necessidade de esquecer qualquer coisa que já tenha escrito. Imagino que de forma semelhante pensem Xico Graziano e Zander Navarro. Suas reinterpretações sobre o desenvolvimento da agricultura brasileira e a vida social nas regiões rurais não representam uma ousadia metodológica, mas apenas a prática dos bons analistas da sociedade. São autores fortemente informados pelas vicissitudes e maquinações da História e pelas mudanças concretizadas no desenvolvimento social do país. Adicionalmente, são inspirados por um pensamento crítico sempre aceso, graças ao qual continuamente procuram entender melhor as situações vividas pelos que operam uma atividade econômica, como é a agricultura. Surpreendente é a reiteração dogmática, engessada e espantosamente defendida por um grupo de autores, os quais insistem teimosamente em análises, ou posições políticas, típicas dos anos 1960, quando nós todos lutávamos contra o imperialismo e o latifúndio. Uma decorrência, talvez, do peso da "história lenta", conforme acentuou outro cientista social que é, igualmente, um agudo estudioso da sociabilidade e das peculiaridades culturais das populações rurais – José de Souza Martins, também ele um autor que não se intimida com o poder das narrativas dominantes sobre o agro ancoradas no antigo paradigma comunista.

O maior valor deste livro, em conclusão, reside em seu desafio intelectual, e político, para um repensar o já estabelecido. Ao final, com certeza, os leitores entenderão que há novas ideias sobre o desenvolvimento rural, distantes das análises marxistas tradicionais, espelhadas nos livros clássicos sobre a formação social do Brasil, quase todos referidos a épocas passadas.

Boa leitura.

Apresentação
Modernizar as ideias é preciso

O Brasil hoje é reconhecido, em tamanho e em tecnologia, como um dos gigantes globais da agropecuária, ungido a celeiro do mundo. Afora manter a liderança nas *commodities* tradicionais, bate constantes recordes na safra de grãos, avança no domínio do mercado das carnes, e assusta os concorrentes gerando tecnologia tropical com elevada produtividade. Embora venerado internacionalmente, boa parcela da opinião pública interna, influenciada por um raciocínio antigo, derivado da época latifundiária, ainda pensa como nos tempos de outrora, quando imperava o sistema de produção extensivo sob o mando prepotente dos coronéis do sertão.

Foi essa surpreendente e reiterada dissintonia entre a realidade e sua interpretação que nos motivou a publicar este livro. Estudiosos, há décadas, da questão agrária e do desenvolvimento rural, temos, em nossos escritos variados, procurado analisar a nova situação existente no agro brasileiro, defendendo a necessidade de se adotar novas perspectivas, outros conceitos e teorias, para a correta compreensão da dinâmica socioeconômica na nossa agropecuária. Tudo tem se modificado fortemente nas relações de produção e nos mercados ligados à agropecuária.

Essa inédita e impressionante realidade produtiva que passou a dominar o campo se construiu a partir de um persistente processo de modernização capitalista, que tirou o país da condição de subdesenvolvimento e o integrou, como uma economia emergente, no mundo globalizado. Esse novo padrão da economia rural guarda algumas raízes remotas, as quais remetem à história desde, pelo menos, a Lei de Terras, em 1850, ou o fim da escravidão, em 1888. Suas origens mais robustas, porém, se situam em um período bem mais recente, com a montagem do sistema nacional de crédito rural, entre os anos 1960 e 1970, e a criação da Embrapa, em 1973. Por fim, foram aceleradas definitivamente a partir da segunda metade da década de 1990, após a estabilização da economia nacional.

O resultado do processo histórico é o surgimento de uma nova realidade: de essencialmente rural, meio século atrás, o Brasil se transformou em uma nação urbanizada; e sua agricultura, antes primitiva e centrada na cafeicultura, alçou-se à posição de maior produtor mundial de alimentos. Adentramos um novo padrão de estruturação econômica, essencialmente urbano-industrial, no qual, contudo, a agropecuária ocupa lugar destacado. Processos tecnológicos modernos e intensos, forte competição no mercado, imperiosa integração nas agroindústrias e o comando implacável da produtividade – somados todos esses processos novos, percebem-se as novas lógicas de produção ligadas ao que convencionou chamar de agronegócio. Mais do que uma lógica de produção, forma-se uma nova sociabilidade (capitalista) nas regiões rurais de todo o país.

Os problemas não desapareceram. Alguns, antigos, persistem, enquanto outros, novos, surgiram. Com o desenvolvimento tecnológico, oportunidades se abriram, e desafios, alguns duríssimos, afligem os produtores rurais. Nem o país, muito menos as suas regiões rurais, permaneceram os mesmos diante da radicalidade de tais transformações que promoveram, e ainda operam, uma verdadeira revolução no campo brasileiro.

Embora sendo tão marcantes e consequentes tais modificações tecnológicas e socioeconômicas no padrão da produção rural, que passou a dominar na maior parte das regiões agrícolas, com surpresa se percebe que elas permanecem despercebidas em certos setores sociais. Muitos observadores da agricultura brasileira, sejam pesquisadores, sejam agentes sociais ou políticos, continuam tratando a agricultura como se estivessem adormecidos no tempo. Chega a ser bizarro. A vida real e o mundo da produção foram se transformando radicalmente, mas certas análises sobre o desenvolvimento agrário, especialmente aquelas elaboradas por uma parcela dos pesquisadores universitários, resistem à contemporaneidade. Motivadas por um duradouro ranço ideológico, permanecem ancoradas no passado, insistindo em temas e argumentos sem nenhuma aderência à realidade observada no mundo rural.

Movidos pela inquietação de entender todos esses acontecimentos, vivenciamos, de perto, esse processo de mudanças que revolucionou a agropecuária brasileira. Quando começávamos nossas respectivas carreiras profissionais, já formados em Agronomia, observamos o forte processo de modernização da agricultura brasileira. Como estudiosos da questão agrária, fomos percebendo sua superação. Em certo momento, começamos a defender – e agora o fazemos explicitamente – que chegara a hora de mudar a predominância do paradigma dominante, centrado largamente na tradição marxista, que influencia, há muitas décadas, os pesquisadores da socioeconomia rural.

Começamos por nós mesmos. Nossos primeiros movimentos intelectuais, bem como suas decorrências políticas, cumpriam de perto o receituário clássico, alicerçado no arsenal marxista sobre o campo. Afinal, pertencemos àquela geração que, nos anos dourados da juventude, estimulados pelos movimentos contestatórios de 1968, lutou contra o imperialismo norte-americano e sonhava em derrotar o latifúndio. Nós acreditávamos, piamente, que, sem profundas "transformações estruturais" – o que necessariamente passava pela reforma agrária –, o Brasil não conseguiria romper a barreira da pobreza e do subdesenvolvimento, promovendo a justiça social.

Mas nós nos curvamos à realidade. Nossas percepções prévias, moldadas pelos livros clássicos, se alteraram, pois não era mais possível fechar os olhos às mudanças em curso. Preferimos abrir mão das nossas antigas teorias do que permanecer obsessivamente presos às ideias que se mostravam refratárias aos fatos, incapazes de explicar as novidades concretizadas pelos processos sociais e econômicos. Mesmo antes da "queda do muro", já percebíamos que a modernização da agricultura brasileira, aliada à globalização da economia, modificaria totalmente a equação do desenvolvimento no campo, jogando poeira nas velhas teorias marxistas. Bastava abrir os olhos para divisar um novo mundo rural que então se materializava.

Não foi tranquila essa passagem intelectual, nem para nós mesmos e menos ainda para os nossos interlocutores usuais. Trata-se de um movimento mental que carrega enorme carga ideológica, obrigando a revisitar o passado, o que não é fácil, nem se completa rapidamente. Basta perceber que em nossos escritos, aqui e ali, ainda se faz presente um sem-número de expressões e até categorias da tradição marxista. Além disso, nem sempre os colegas da vida universitária ou da política estiveram dispostos a refletir sobre essas reviravoltas, como se a compreensão da vida social, pelo contrário, obrigasse à persistência pétrea de esquemas teóricos. "Revisionismo", na história do movimento comunista e nas tradições da esquerda, sempre foi sinônimo de "traição", justificando inclusive a eliminação física, ainda antes da deplorável época stalinista, de muitos militantes, sob a acusação de terem "virado a casaca", dando as costas à revolução e aos princípios "sagrados" do leninismo ou do partido proletário. Esse cacoete dogmático sempre contaminou o campo político de onde saímos.

A despeito do constrangedor (às vezes difamante) cerceamento ideológico, amparava-nos, todavia, de um lado, as evidências da realidade e, de outro, a história da ciência. Tem sido frequente, desde o Renascentismo pelo menos, esse alterar de visão do conhecimento humano sobre as condições materiais da civilização. São muitos e conhecidos os personagens que, afrontando as narrativas dominantes, mudaram a forma de se enxergar o mundo. Thomas Kuhn (1962), em seu extraordinário e influente livro *A estrutura das revoluções científicas*, bem caracterizou a importância epistemológica dos rompimentos teóricos, ou das quebras de paradigmas, relacionando-as com a evolução científica.

A ciência, assim argumentou Kuhn, avança normalmente por acúmulo de conhecimento, que se aperfeiçoa no âmbito do paradigma estabelecido. Mas este, após imperar por anos, pode ser corroído por "anomalias", ou seja, problemas e incompreensões trazidos pela realidade que não mais conseguem ser facilmente explicados a partir das concepções anteriores dominantes. Em certo momento, algum cientista, ou um conjunto deles, percebe que algo de fundamentalmente errado acomete a teoria prevalecente, estimulando-os a formular uma especulação nova, fora dos cânones científicos anteriores. Vingando, surge um novo paradigma científico, superando o anterior. Embora a obra de Kuhn tenha desencadeado intensa controvérsia no campo da Filosofia da Ciência, e muitos contestaram alguns princípios da teoria kuhniana, permaneceu essa noção acerca da necessidade de confrontar um modo dominante de pensar, para fazer avançar o conhecimento, evoluindo a ciência.

Quando um paradigma é suplantado, altera-se a estrutura mental sob a qual os estudiosos apreendem a realidade. Kuhn afirmava que um homem enxerga apenas aquilo que sua experiência visual--conceitual o ensinou a ver. É por essa razão que os cientistas ligados a paradigmas diferentes veem coisas distintas mesmo quando olham para o mesmo lugar, o mesmo fenômeno ou os mesmos processos. Conforme se percebe, e argumentaremos fartamente sobre isso nas páginas seguintes, essa constatação se aplica perfeitamente sobre a análise da agricultura brasileira e seu desenvolvimento no período contemporâneo.

Animados por esse "espírito evolucionista", nos esforçamos, há certo tempo, em romper com o paradigma vigente, condição para reformular nosso olhar sobre a questão agrária e o desenvolvimento rural brasileiro. Quando menos, ousamos questionar o *status quo* acadêmico, fazer perguntas constrangedoras, procurando manter um salutar espírito crítico acerca do "conjunto de verdades" então existentes. Entendíamos ser preciso uma ação mais criativa, e de maior fôlego, para reinterpretar as antigas leituras sobre o mundo rural – mas sempre invocando primeiramente as evidências da realidade e as vivências concretas das populações rurais e da economia agropecuária.

Este livro nasceu sobre o aprendizado extraído das trilhas de nossas histórias profissionais. Ele se destina a contribuir mais abertamente com o conjunto das ideias envolvidas no debate sobre o desenvolvimento agrário no Brasil. Nas páginas seguintes reunimos uma parte, talvez a mais importante, daquilo que escrevemos há anos tendo como foco o mundo rural contemporâneo e suas transformações, movidos por um espírito de inquietação teórica que nos remetia a uma persistente inquirição crítica sobre as formas de interpretação existentes.

Mas atenção: nosso embasamento fundamental não é principalmente teórico, e sim empírico. Dificilmente alguém muda de ideia ou abandona facilmente uma teoria científica, a não ser que se defronte com argumentos incisivos, e estes somente convencem quando se alicerçam em sólidos e visíveis dados da realidade. Torna-se necessário "sair do escritório" e trocar as lentes ideológicas para perceber o que se passou, no contexto da agricultura, no último meio século, aqui no Brasil e em vários outros lugares do mundo.

Vale a pena, de relance, com intuito ilustrativo, oferecer algumas informações elementares. Se tomado o ano de 1960 como referência inicial, por exemplo, as mudanças na base técnica da produção e na economia rural são impressionantes. Basta dizer que o então Censo Agropecuário indicava a existência de apenas 56 mil tratores nos estabelecimentos rurais do Brasil. E eles não necessariamente funcionavam, pois era maquinário (sem exceção) importado, e certamente muitos estavam encostados, por falta de peças e manutenção apropriada. Quanto aos agroquímicos e fertilizantes, pouquíssima disponibilidade havia, salvo o BHC, então utilizado para matar formigas, posteriormente banido devido à sua elevada toxicidade, a calda bordalesa, uma mistura aquosa de cálcio com cobre boa para controlar fungos nas lavouras, e pouca coisa mais. Naquela época, as exportações agrícolas, promovidas em um país gigantesco como o Brasil, baseavam-se, sobretudo, no café, no açúcar e no fumo. Nada mais de importância. Pairando sobre o primitivismo tecnológico então reinante, indicando uma atividade econômica de baixíssima produtividade geral, as regiões rurais e os pequenos municípios do interior dependentes da agricultura ainda mobilizavam um enorme contingente populacional. Éramos um país ainda fortemente rural, em suas facetas principais.

Em cinquenta anos tudo mudou espantosamente nas regiões rurais do Brasil. Quanto à mecanização – sem dúvida, a porta de entrada da moderna tecnologia –, basta dizer que hoje funcionam 820 mil tratores na agropecuária. Outra esclarecedora ilustração, capaz de estimar a magnitude das mudanças, reside no valor da produção vegetal: na atual safra (2012/13), estima-se que os vinte principais produtos vegetais produzirão uma riqueza equivalente a R$ 305 bilhões (um terço, aproximadamente, decorre apenas do valor da produção da soja), o que bem demonstra a intensa monetarização pela qual passa atualmente a agropecuária e as regiões rurais. A elevada utilização de insumos – fertilizantes, defensivos, rações – e os sistemas tecnológicos de cultivo e criação garantem níveis de produtividade da terra semelhantes aos maiores do mundo desenvolvido. O mercado interno está atendido, e as exportações geram um superávit da balança comercial próximo dos US$ 78 bilhões (2012), pagando a conta das importações. Um desempenho econômico extraordinário.

Antes dessa revolução econômica ocorrida no campo, antes mesmo da modernização tecnológica da década de 1970, nossas análises sobre o país, necessariamente, falavam com desenvoltura da "questão agrária", enfatizando a necessidade urgente da reforma agrária, entre outros temas dominantes na ocasião (como a inexistência de uma legislação trabalhista rural, por exemplo). Não democratizar a propriedade fundiária implicava, para a maioria dos estudiosos, a impossibilidade de desenvolver o mercado interno e, no limite, bloqueava o desenvolvimento do próprio capitalismo nacional. Por essa razão, tais "leituras" da realidade inspiraram tanto os autores mais conservadores, que sonharam com um regime econômico capitalista mais forte, como aqueles ligados às tradições da esquerda brasileira que, no geral, entendiam ser necessária uma etapa de afirmação capitalista, antes da passagem para uma futura "fase superior" – o socialismo.

Mas foram, sobretudo, os autores situados à esquerda que insistiram naqueles anos nos debates sobre a questão agrária, inflamados, como seria esperado, pela própria tradição marxista de analisar o tema, particularmente a partir de Kautsky e seu importantíssimo livro *A questão agrária*, publicado em 1899. Para esse campo teórico e político, essa foi a "questão" inspiradora por muitas décadas, diante da precária economia agrícola que predominava na maioria dos países então chamados de "subdesenvolvidos". Nesse foco se analisava a "tenência", quer dizer, a posse e o uso da terra, a dinâmica espacial envolvendo as populações rurais e a estrutura social no campo, assim como as relações de troca entre a agricultura e os demais setores produtivos. Ecoando similar discussão internacional, nas décadas de 1950 e 1960 diversos autores aprofundaram suas análises sobre o tema, desde os autores mais conservadores, como Gilberto Paim, passando por reformistas como Celso Furtado, e chegando ao outro lado do espectro político, que relacionaria autores situados na órbita do antigo Partido Comunista Brasileiro, como Caio Prado Júnior, Alberto Passos Guimarães e Ignácio Rangel.

Todos eles, embora variando os focos analíticos, defenderam, em especial, a necessidade de ultrapassar o "estado da economia natural" (como afirmava Paim) e a "dinamização das forças produtivas", como seria o jargão típico dos autores marxistas. Para alguns, o problema seria o fluxo caótico da mão de obra entre as atividades agrícolas e as industriais (Rangel), enquanto outros disputavam ferozmente a "natureza predominante" das relações sociais no campo (Prado Júnior e Guimarães). E quase todos, em consequência, demandavam uma política de reforma agrária como a solução para todos os problemas então existentes. Sem reforma agrária o Brasil não progrediria.

A História, entretanto, pregou uma peça em todos nós. Seja usando a brutal sutileza de seus instrumentos políticos (a repressão e as armas), seja recorrendo à impressionante liquidez então dominante nos mercados financeiros internacionais, durante o ciclo autoritário os militares foram capazes de tornar o Brasil um local atraente para os investidores externos. Como resultado, vultosos investimentos estrangeiros diretos se dirigiram para nosso país. Em consequência, até as antes adormecidas regiões rurais acabaram despertadas.

Aquela "economia natural" sobre a qual tanto se falava nos livros tradicionais gradualmente foi transformada pelas raízes estruturantes de uma nova mentalidade que se formava no campo, determinando novos comportamentos sociais, cada vez mais motivados por uma só lógica – a busca do lucro. O nascimento dessa inédita motivação foi apenas momentaneamente freado – sem ser interrompido – durante os turbulentos anos da década de 1980, mas ressurgiu fulgurante na segunda metade da década seguinte, aos poucos alçando o Brasil à posição de principal produtor de alimentos do mundo.

Por tudo isso, frente a tal quadro de espetaculares mudanças produtivas, estarrece perceber que boa parte das análises sobre o meio rural ainda permanecem vinculadas ao passado anterior à modernização do campo. Muitos acusam de "conservador" esse processo de transformações. É verdade, no sentido de que ele não alterou a estrutura de propriedade da terra. Por outro lado, pode-se afirmar que foi extremamente progressista, por ter provocado uma mudança impressionante em termos econômicos e tecnológicos, elevando fortemente a produtividade no campo. De qualquer forma, o tempo não recua, e a nova realidade se impõe àqueles que pretendem interpretar o campo brasileiro. Independentemente de julgamentos de valor, ou mesmo de avaliações éticas, quem permanecer apegado aos raciocínios marxistas mais embaralha que compreende o nosso desenvolvimento agrário e seus desafios futuros.

Citemos outra ilustração: se a demanda social que exige a reforma agrária é atualmente raquítica, quase estatisticamente invisível diante da massa dos trabalhadores, oriunda de pequenos grupos de deserdados urbanos, por que ainda se escreve sobre "a atualidade e a necessidade" daquela política estatal? Por que não discutimos, aberta e criticamente, visto o absurdo custo dos assentamentos, a alocação de fundos públicos para tal finalidade? Por que não debatemos serenamente, mas com firmeza argumentativa, as razões que mantêm a existência do Instituto Nacional de Colonização e Reforma Agrária (Incra), se a sua função deixou de existir?

Existem bloqueios nessas discussões provocativas, que, por certo, derivam das polarizações políticas e partidárias que influenciam a sociedade. Pior, todavia, que travar a discussão é verificar que, surpreendentemente, existem estudiosos que, ao invés de evoluir, parecem ansiar pelo ressurgimento da antiga discussão sobre a existência do feudalismo em áreas rurais, tema que tanto motivou Alberto Passos Guimarães e outros estudiosos do antigo "Partidão" naqueles anos pretéritos. Para a incredulidade geral, sem corar, uns falam mesmo em "recampesinização", embora sem jamais indicar as regiões nas quais tais processos sociais e a reconstrução das classes sociais estariam sendo maturados. E outros, mais espantosamente ainda, não querem enxergar os resultados produtivos obtidos invocando, com surpreendente desassombro, diversos mitos tecnológicos que, asseguram eles, poderiam substituir a agricultura moderna, numa espécie de "volta ao passado". Propõem algo como trocar o trator pela enxada, os fertilizantes pelo estrume da vaca, os agroquímicos pelas cinzas da madeira, uma regressão dourada animada pelo discurso da sustentabilidade, possivelmente viável quando a Elis Regina cantava "eu quero uma casa no campo", mas totalmente impossível num mundo em que a população mundial está, não ao redor de um, mas de 7 bilhões de habitantes.

Os diversos textos que se agrupam neste livro analisam algumas dessas contradições entre a realidade rural e os argumentos ainda presentes em nosso debate corrente. Nosso esforço corre os riscos inerentes à ousadia de confrontar as narrativas que são, ainda algumas, dominantes. Oferece, porém, a virtude de submeter àqueles que se interessam pelos temas rurais um rol de proposições e focos analíticos que, assim supomos, são correspondentes com os fatos históricos. A situação atual da agropecuária brasileira não pode mais ser dissecada com os instrumentos do passado.

Nós julgamos que vale a pena, agora mais abertamente, insistir com os novos fatos e evidências, estimulando muitos colegas da academia e da pesquisa, diversos estudiosos, dirigentes sindicais, autoridades e outros interessados no mundo rural a aceitarem e analisarem as conexões mais robustas com o presente. Caso o façam, todos nós ficaremos mais íntimos das vivências agrárias que atualmente sustentam a "sociedade do interior" e a produção agropecuária e, resultante desse conhecimento ampliado, os debates públicos poderão (finalmente!) avançar na direção almejada pelas necessidades e pelos anseios daqueles que estão no centro do desenvolvimento agrário – as populações rurais.

Nossa concordância maior, como autores, foi entender que o relógio da História caminhou a passos largos, na política, na economia e na sociedade. Primeiramente, o ciclo militar se esvaiu e logo brotou um dos mais vibrantes processos de redemocratização, reconhecido internacionalmente, adensando notavelmente a qualidade da vida política brasileira. Na economia as mudanças foram muito mais erráticas e ciclotímicas e, de fato, somente a partir da estabilização monetária ensejada pelo Plano Real, já nos anos mais recentes, é que os dois "eixos do mal" dos anos anteriores (a dívida externa e os altos índices inflacionários) puderam ser domados, assim enraizando horizontes mais seguros para os agentes econômicos. Sob tais mudanças gerais, as regiões rurais foram igualmente sendo transformadas e, aos poucos, iluminou-se um emergente mundo rural com matizes que foram se diferenciando muito do passado, pois movido crescentemente pela dinâmica econômica, pela produtividade total dos fatores e por uma lógica geral radicalmente diferente dos padrões que historicamente marcaram a agropecuária.

Este livro reúne artigos e textos diversos, publicados nos últimos anos. A coleção agrega textos originalmente escritos para públicos diferenciados e em meios de divulgação distintos, desde as páginas do jornal *O Estado de S. Paulo* até revistas especializadas. Vieram a lume em anos diversos e, dessa forma, algumas estatísticas estão ligeiramente desatualizadas. Os textos não foram modificados, contudo, porque seus argumentos, em nossa opinião, permanecem corretos, não obstante tal fato. Divididos em três partes, discutem, *grosso modo*, o passado e a "questão agrária" em sua primeira seção, sugerindo, com todas as letras, o "passamento da velha questão", tão incensada em muitos livros que radiografaram o Brasil, em suas origens históricas e indicaram seus principais bloqueios estruturais.

A segunda parte se concentra, em especial, no caso da reforma agrária e seu principal protagonista, o MST. São diversos os ângulos analisados pelos autores, mas ambos coincidem em um diagnóstico: muito mais relevante (sob qualquer ângulo) do que ainda se discutir "reforma agrária" seria implantar um processo real e efetivo, que nunca tivemos, de desenvolvimento rural, o qual pudesse incentivar a viabilidade econômica dos "com terra", pois estes formam a vasta maioria dos produtores rurais atualmente em atividade e que sustentam os "sem-terra" residentes nas cidades.

Diante do acirramento concorrencial que vem se instalando nas diversas regiões agrícolas, se nada for feito em tal direção, os processos de exclusão social dos pequenos agricultores serão acelerados simultaneamente à modernização tecnológica e à afirmação da agricultura de larga escala. São, portanto, outros os tempos e o contexto social e econômico-produtivo do mundo rural brasileiro, e é preciso mais ousadia e decisão política para mudar em profundidade os termos do debate ainda dominante e, especialmente, a ação governamental no campo.

A terceira parte do livro se dedica a comentar sobre o futuro, uma vez registrados os aspectos mais salientes do passado. Se a questão agrária de outros tempos não existe mais, se o MST perdeu o rumo da História e não representa quase ninguém, se a reforma agrária se tornou inócua e, também, se a moderna agricultura brasileira, há muitos anos, vem sendo o setor econômico fiador dos superávits comerciais, o que fazer? Particularmente, como ainda evitar a rarefação demográfica do campo e manter um mundo rural que ainda possa ostentar vida social e cultural? São esses alguns dos temas discutidos na última parte da coleção de textos aqui reunida.

Talvez ainda haja tempo para promover o desenvolvimento rural brasileiro. Mas existirá a devida compreensão sobre como construir as tarefas doravante? Haverá vontade política e decisão firme para torná-lo uma realidade? Mais que nos atritar com antigos companheiros, essas são as verdadeiras e difíceis respostas que procuramos ao propor este livro. Nós queremos contribuir para a modernização das ideias agrárias no Brasil.

Xico Graziano
Zander Navarro

Parte 1
A questão agrária – o contexto histórico

Um novo paradigma agrário

Xico Graziano

I. Feijão capitalista[1]

Notadamente entre aquelas pessoas que se julgam "de esquerda", influenciadas pelo paradigma formado há meio século, muitos acreditam, ainda hoje, que a comida do povo vem do agricultor familiar de subsistência, enquanto o agronegócio capitalista serve apenas ao comércio exterior. O equívoco, nascido da ideia antiga, está superado pela modernidade da agropecuária nacional.

A começar do ciclo açucareiro colonial, no Nordeste, a historiografia consagrou distintas funções, e certa oposição, entre a grande propriedade rural, dominante, e a agricultura de subsistência, que vivia em suas beiradas. Existia, realmente, um *dualismo*, conforme foi intitulado tal contraste. Escritores famosos, como Caio Prado Júnior, sempre descreveram a grande lavoura – o latifúndio ou a *plantation* – como aquela destinada para a exportação, de açúcar, cacau ou borracha. Produzir alimento básico era coisa de pobre.

Quando chegou o ciclo da mineração, no século XVIII, o deslocamento da população – a maioria escrava – rumo ao Sudeste exigiu fortalecer a produção de alimentos. Desde os pampas gaúchos,

---

1 Publicado em *O Estado de S. Paulo* (22/1/2013).

dedicados à pecuária e seu valioso charque, por todo o Centro-Sul surgiram novos agricultores, animados por atender o consumo interno criado nas atividades auríferas das Minas Gerais.

Mais tarde, na economia cafeeira de São Paulo, já livre da escravidão, o *colonato* favoreceu o cultivo de gêneros alimentícios, seja entre as ruas do cafezal novo, seja em áreas destacadas da fazenda. Caminhava a economia livre. Mas a crescente demanda nas cidades brasileiras trouxe à tona a questão do abastecimento urbano. Em 1901, relatava Alberto Passos Guimarães (*A crise agrária*, 1978), quase 43% das importações brasileiras, em valor, representavam produtos básicos, incluindo feijão, fava, milho, arroz, banha e manteiga. Com escassez, os preços se elevaram, estimulando os pequenos agricultores. Plantar comida passava a oferecer lucro.

A partir da grande crise mundial dos anos 1930, a diversificação da economia brasileira, na cidade e no campo, se aprofundou. Décadas após, com o forte êxodo rural alargando as metrópoles, a necessidade do abastecimento nas periferias transformou definitivamente a agricultura de subsistência em próspero negócio. Além do tradicional arroz com feijão, os moradores do asfalto exigiam ovos, carnes, verduras, legumes, frutas, leite; para os roceiros, bastava produzir e vender. Daí surgiram os Ceasas, os sacolões, os varejões e, claro, os supermercados. Mudou a distribuição no varejo dos alimentos.

Mudou também, e muito, o caráter da produção rural. Ela ganhou escala e tecnologia, cresceu em produtividade, integrou-se às agroindústrias, aprendeu a comercializar, buscou financiamento. O raciocínio guarda lógica: as cidades brasileiras jamais teriam sido abastecidas, e bem ou mal o foram, sem uma grande transformação ocorrida no campo. Que prossegue acelerada.

No passado, fazia sentido a análise dualista. Havia um "setor de subsistência", que nasceu na franja do "sistema latifundiário-exportador". Ainda assim, economistas questionaram, nos anos 1970, o raciocínio dual, mostrando a interdependência, gerada pela expansão do próprio capitalismo, entre os setores de subsistência e de exportação. Com o avanço da industrialização e a crescente integração campo-cidade, surgiu o conceito de cadeias produtivas. Desde então, há pelo menos trinta anos, os economistas rurais incorporaram a noção de "*agribusiness*".

Traduzido para o português, agronegócio passou a significar a complexa forma da produção agropecuária, distante do ruralismo tradicional. Agroindústrias, fábricas de insumos e máquinas, serviços e crédito, distribuição e *marketing*, cada setor representa um elo da cadeia produtiva. Antes, importava a produção rural, isolada dentro da porteira da fazenda. Hoje, vale a integração na cadeia produtiva, englobando o antes e o depois da porteira. Isso é o bê-á-bá da economia rural.

Fica claro que essa ideia conceitual moderna – agronegócios no lugar da produção rural – nada tem que ver com o destino da produção. Mesmo assim, agraristas tradicionais, que se julgam de esquerda, desataram a criticar o "modelo" de agronegócios, julgando--o elitista.

A tese, grosseira, é colocada da seguinte forma: esse modelo dos agronegócios salva a balança comercial, mas não resolve o problema da comida do povo e, pior, causa desemprego no campo. Por essa razão, um novo modelo, baseado na agricultura familiar, precisa ser desenvolvido. Inventaram uma bobagem, pois inexiste oposição entre os agronegócios e a produção familiar no campo, como se um, detido pelos grandes, estivesse voltado somente para a exportação, enquanto o outro, próprio dos pequenos, produzisse para o povo. Essa falsa dicotomia se encaixa bem no discurso ideológico, mas não se sustenta na realidade.

Renegar a moderna tecnologia e esquecer os mercados significa obscurantismo. Pudera que todos os pequenos e médios agricultores se integrassem às dinâmicas cooperativas, vendendo com lucro e aprimorando seu sistema produtivo com tecnologia de ponta. Foi, aliás, o que buscaram os assentados do MST no Rio Grande do Sul, ao cultivar soja transgênica, batendo recordes de produtividade. Eles, como os demais, querem progredir, ganhar dinheiro, melhorar de vida.

Não há nada errado com os agronegócios. O cultivo de subsistência, esse, sim, está ultrapassado pelos tempos, massacrado pela intermediação danosa. Aqui reside o grande desafio: modernizar a agricultura familiar, integrando-a nos agronegócios, transformando os pequenos agricultores em empreendedores rurais. Exportar, agregar valor, identificar origem, aprimorar embalagens, contratar demanda, lastrear preços, tudo isso – o mundo dos agronegócios – precisa chegar aos pequenos no campo.

Imaginar diferente, as famílias rurais vendendo na esquina da feira, um montinho aqui, outro ali, significa desejar que os pequenos agricultores continuem fracos. E pobres. Puro saudosismo pequeno--burguês.

Sim, existem ainda os tradicionais agricultores de subsistência, a maioria empobrecida no semiárido nordestino. Enfraqueceu-se, porém, com a modernização agrária, a antiga oposição entre a grande e a pequena produção. Ambas, com tecnologia, passaram a ser regidas pela lucratividade do mercado, seja interno, seja externo. Assim, tornaram-se complementares, e muitas vezes se confundiram. Vejam alguns exemplos.

Típica da velha família rural, a banha de porco acabou substituída na cozinha pelos óleos vegetais. O mais barato, de consumo popular, origina-se do esmagamento do grão da soja. Pois bem. No Paraná e no Rio Grande do Sul, grandes plantadores da oleaginosa, 90% da produção advém de agricultores familiares, ligados às grandes cooperativas exportadoras. Ou seja, a mesma agricultura que gera divisas garante a fritura da mesa. Sem distinção.

No café, a maioria da safra brota das lavouras mineiras, grandemente ligadas às cooperativas. A Cooxupé, maior delas, aglutina 12 mil cafeicultores, sendo 80% pequenos produtores rurais. Do embarque total de grãos nos pátios da cooperativa (2011), perto de 15% se destinou às torrefadoras do mercado interno; a maior parte seguiu exportada. Pequenos, juntos, ficam grandes.

Para cada ramo da agropecuária nacional, pode-se verificar essa junção entre o agronegócio capitalista e a produção familiar, sendo difícil separar, no destino, o mercado interno do externo. Na cultura da cana, na qual preponderam os grandes usineiros, cerca de 70% do açúcar se exporta, mas o etanol, que enche o tanque dos veículos, dos pobres principalmente, fica aqui dentro.

Quem produz frango, o agricultor familiar ou o agronegócio? Resposta fácil: ambos. As empresas frigoríficas representam grandes negócios, privados ou cooperativados; já os avicultores, a elas integrados, são familiares. E no feijão? A maioria da produção, é verdade, advém de pequenos produtores. Estes, entretanto, não se configuram mais como de subsistência, vendendo apenas o excedente. Que nada. Espelham agricultores altamente tecnificados.

Nos Estados Unidos, sabe-se, a mecanização da agricultura provocou, ao mesmo tempo, o aumento da escala de produção e o fortalecimento da gestão familiar, preponderante por lá. Tal processo se caracteriza, por aqui, especialmente no Mato Grosso, onde enormes fazendas produzem soja e milho, nas lavouras tocadas pelos próprios produtores e seus filhos. Negócios gigantes, familiares.

Tais histórias mostram que ser familiar não necessariamente significa ser pequeno. E comprovam que pequeno agricultor pode, perfeitamente, participar do agronegócio, seja contribuindo na exportação, seja alimentando o povo. Pode acreditar: inexiste oposição entre agricultura familiar e agronegócio.

O feijão de subsistência virou capitalista.

II. A (difícil) interpretação da realidade agrária[2]

A deficiência das estatísticas

Afora a visão ideológica criada pelas análises marxistas tradicionais, que deturpa o olhar contemporâneo sobre o campo, vários outros fatores, mais objetivos, prejudicam a interpretação da realidade agrária. Um deles é a má qualidade das informações estatísticas, problema que sempre angustiou os estudiosos da economia rural.

Grave no passado, embora aprimorada mais recentemente, a deficiência do conhecimento de si próprio resulta dramática na atualidade

---

2 Publicado em Schmidt et al. (orgs.), *Os assentamentos de reforma agrária no Brasil*, 1998, p.153-169.

do mundo globalizado. Como definir estratégias de competição e como formular políticas de desenvolvimento sem conhecer a fundo sua própria realidade?

A agricultura é, certamente, o setor produtivo que mais tem sofrido com essa dificuldade no conhecimento, refletindo o caráter dependente da economia agrária brasileira. Talvez o caso histórico das estimativas sobre a safra brasileira de café seja um exemplo paradigmático. Desde que os Estados Unidos se tornaram o grande comprador do café nacional, no início do século, são os levantamentos do Departamento de Agricultura norte-americano sobre a safra brasileira que balizam o mercado mundial dessa *commodity*.

O Brasil nunca foi capaz de estruturar um sistema de previsão de safras competente para informar corretamente o mercado de café, sobretudo o externo. Por esse motivo, sempre dependeu dos Estados Unidos para aquilatar sua própria riqueza. É fácil deduzir que os norte-americanos se utilizaram dessa vantagem para aviltar os preços internacionais, beneficiando-se obviamente. Somente agora, as estimativas e previsões da safra brasileira, seja de café ou de outras *commodities*, começam a se tornar confiáveis para os agentes do mercado. Entretanto, muito se poderá investir ainda na montagem de um sistema de informações agropecuárias que dê segurança para a formulação de políticas adequadas de comercialização e, ao mesmo tempo, de segurança alimentar.

O problema se repete, talvez de forma ainda mais aguda, quando se procuram informações sobre a estrutura da produção rural, ou seja, sobre a posse e o uso da terra. Apenas a partir de 1950 os censos agropecuários do IBGE passaram a ter maior credibilidade, trazendo estatísticas importantes para se conhecer o mundo da produção agrária. Mesmo assim, dificuldades na realização dos levantamentos censitários têm, não raro, resultado em informações pouco confiáveis, cujo exemplo maior sabe-se ser o Censo Agropecuário de 1960.

Em 1966, o Comitê Interamericano para o Desenvolvimento Agrícola (Cida), órgão ligado à FAO/ONU, publicou um completo estudo sobre as estruturas agrárias dos países latino-americanos, permitindo melhor conhecimento sobre a economia rural no continente.

Esse estudo, exaustivo para a época, desnudava o sistema latifundiário, mostrando as origens da miséria rural e apontando para a necessidade de se realizar uma ampla reforma agrária nos países da América Latina. Nesse tempo, a Aliança para o Progresso, capitaneada pelos Estados Unidos, passou a propugnar reformas profundas nas estruturas agrárias desses países subdesenvolvidos, visando fortalecer o mercado interno e impulsionar a industrialização via a expansão do capitalismo no campo.

A grande motivação dessa proposta reformista era gerada pelos temores da revolução socialista, vitoriosa em Cuba desde 1959. Para os interesses da burguesia dominante, era melhor entregar os anéis – ou as terras dos latifundiários – que perder os dedos. Criar uma forte classe média no campo era o objetivo estratégico da política que, no Brasil, foi impulsionada pelo governo militar de Castello Branco. O Estatuto da Terra foi a expressão legal dessa corrente reformista.

A história sempre apresenta seus paradoxos. Ninguém duvida que a agitação no campo e a proposta de reforma agrária protagonizada pelas Ligas Camponesas de Francisco Julião foi uma das causas principais da deposição de João Goulart. Entretanto, aquilo que parecia inaceitável para a oligarquia – a reforma agrária – acabou sendo a primeira das políticas impostas pelo novo regime militar. O Estatuto da Terra, aprovado em novembro de 1964, foi considerado a mais progressista lei agrária dos países latino-americanos, facilitando tanto a desapropriação dos latifúndios, quanto a reaglutinação dos minifúndios.

Nada disso, porém, aconteceu. Castello Branco faleceu e a "linha dura" assumiu o poder no regime militar. A internacionalização do capitalismo e sua rápida expansão nos anos 1960-70 permitiram que a industrialização brasileira ocorresse, prescindindo da reforma agrária. A grande propriedade, em vez de ser dividida, foi modernizada, transformada em empresa rural. O capitalismo se expandiu no campo, mantendo a estrutura agrária deformada desde a época das capitanias hereditárias.

Certo ou errado, a História não anda para trás. Hoje, na economia globalizada, com a grande maioria da população residindo nas cidades e o enorme avanço tecnológico verificado no campo, o desenvolvimento brasileiro assume características totalmente diferentes da época passada, quando se lutava contra o imperialismo e o latifúndio.

A miséria continua, mas mudou e se faz presente na cidade também. Antes, a pobreza advinha, principalmente, da terra improdutiva, da negação da produção. Agora, é gerada no próprio seio da produção capitalista, cuja expansão apresenta um caráter excludente. A modernização do latifúndio e a urbanização acelerada alteraram completamente o quadro dos problemas agrários brasileiros.

Isso tudo é sabido. Ocorre, porém, que a mudança foi tão brusca que as informações objetivas sobre a realidade ficaram defasadas. A pesquisa científica não conseguiu acompanhar o ritmo dos acontecimentos sociais, gerando uma lacuna que demora a ser preenchida pelos estudiosos. Isso explica, em parte, porque ainda se debate a questão agrária com base em dados colhidos na década de 1970.

A deficiência histórica das estatísticas brasileiras turva o conhecimento da realidade agrária. Por isso, é necessário investir na melhoria da investigação empírica, para gerar informações atualizadas, base do desenvolvimento de novas teorias e de propostas de políticas governamentais eficazes.

É fundamental entender, ou reconhecer, que o raciocínio agrarista tradicional está ultrapassado. A nova realidade da agricultura – mais corretamente, dos agronegócios – exige o rompimento com o paradigma distributivista gerado nos anos 1950, à época do desenvolvimentismo.

Os ditames geográficos e ecológicos

Além do problema estatístico oriundo da situação histórica da dependência, um segundo componente dificulta sobremaneira a completa compreensão da realidade agrícola. Trata-se do caráter disperso e territorial da própria atividade agropecuária. Espalhada geograficamente, distante dos centros urbanos, escondida entre os acidentes da paisagem, a agricultura se desenvolve de forma espraiada no território. Ao contrário das fábricas e do comércio, unidades produtivas restritas, bem definidas localmente, as fazendas de agropecuária são esparsas, diversificadas, mesmo quando concentradas nas regiões de monocultura.

Mais complexa e difícil fica a análise estatística quando consideramos, ao lado do componente territorial, a submissão ecológica da economia agrária. Diferentemente das atividades fabris, a agricultura é influenciada pelas leis da natureza. Os ciclos de produção agropecuária dependem de épocas adequadas para plantar, criar e colher. Da mesma forma, a diversidade dos ecossistemas naturais, os tipos de solo e clima afetam a agricultura de modo decisivo.

Na indústria e no comércio, programam-se a produção e as vendas. Nada impede que se produzam bens, sapatos ou automóveis todos os dias, em qualquer lugar, na quantidade desejada. Já na agricultura, por mais que se tenha evoluído a tecnologia, depende-se ainda de épocas limitadas de produção. Mais ainda, os ciclos de produção são longos, da semeadura à colheita, da fecundação ao abate.

É fácil perceber que essas características ecológicas da agropecuária provocam distinções conforme o local onde se realiza a produção. Nos países temperados, os ciclos produtivos são paralisados durante o inverno. Já nos trópicos, a natureza é outra. Enquanto na indústria tende-se a homogeneizar as linhas de produção, independentemente do local onde se situa, na agricultura os ditames da natureza são quase sempre decisivos, estabelecendo diferenças significativas entre as variadas regiões produtoras.

Essas elementares considerações ecológicas são fundamentais para se analisar a economia agrária num país continental como o Brasil. Com 8,5 milhões de quilômetros quadrados, as distâncias e as diferenças entre os agroecossistemas provocam uma enorme diversidade de situações produtivas, desde o Norte tropical úmido ao Sul subtemperado, do Nordeste árido aos cerrados do Centro-Oeste.

Toda essa complexidade impede a fácil captura da realidade agrária. Aquilo que vale para um lugar é diferente no outro. Aqui reside um dos equívocos costumeiros de muitas análises sobre a agropecuária nacional: a descuidada generalização do conhecimento científico obtido a partir de estudos particulares da realidade. Análises magníficas sobre situações agrícolas isoladas propiciam verdadeiras aberrações analíticas quando generalizadas de forma acrítica.

A base da experimentação agronômica – repetições ao acaso – assenta-se exatamente nessa diversidade natural, que faz aumentar a probabilidade do erro estatístico. Nas ciências sociais, especialmente na Economia, predomina outra metodologia de pesquisa: o estudo de caso, restrito, que disseca uma realidade específica, para compreendê-la melhor. A partir desse conhecimento, busca-se entender a realidade mais ampla.

Essa metodologia científica, quando aplicada à agricultura, pode levar a interpretações equivocadas da realidade. Ocorre que a possibilidade da generalização do conhecimento obtido através do estudo de caso pressupõe uma identidade de situações que, na agricultura, dificilmente se encontra. Se nos estudos de socioeconomia a generalização já é problemática, na economia agrária essa dificuldade é maior ainda.

A diversidade dos agroecossistemas choca-se, quase sempre, contra as estatísticas generalizantes. Tal acontece, por exemplo, quando se trabalha com as médias aritméticas das produtividades físicas das atividades agropecuárias. Tais médias, de utilização comum, mais atrapalham do que auxiliam a compreensão da realidade. Ora, os estatísticos sabem que a média aritmética é a pior medida de uma distribuição, principalmente quando a variância entre os dados é elevada. Esse é o caso da agricultura. Para certas variáveis, a média pode se tornar completamente inadequada. Todos conhecem o famoso exemplo da economia: se uma pessoa come dois frangos por dia, enquanto outra passa fome e não come nenhum, na média, eles comem um frango cada.

Na agricultura a questão do uso da média aritmética é problemático devido principalmente à diversidade socioambiental da produção agropecuária. Dessa diversidade pode resultar que uma mesma cultura, o milho, por exemplo, apresente situações produtivas completamente diferentes. Pode ser oriundo de uma produção altamente mecanizada, desenvolvida em terras férteis, ou pode vir da agricultura de subsistência, praticada em terras de baixa fertilidade. Na verdade, embora pareçam iguais – afinal, ambos são milho –, acabam se configurando como produtos diferentes. Somá-los, para calcular uma média, pode corresponder a um erro grave na economia agrária. Algo como somar bananas com maçãs.

Esse elementar erro nos estudos que focam a produtividade agrícola sempre ocorreu com a cultura do algodão. Isto porque, historicamente, dois tipos de algodão eram produzidos no país: o mocó, plantado no Nordeste, obtido de árvores perenes, e o herbáceo, cultivado no Centro-Sul, com espécies de ciclo anual, isto é, semeadas a cada safra. A produtividade do mocó sempre foi bem menor; por outro lado, suas plantas perenes o tornaram mais resistente e adaptado às condições áridas da agricultura nordestina.

Isso explica por que o algodão *mocó*, embora tivesse uma produtividade inferior, fosse produzido no Nordeste. O algodão herbáceo, sulino, simplesmente não produziria nada naquele ambiente árido. Isso significa que são incomparáveis as produtividades físicas das duas espécies. Embora produzisse bem menos, o mocó era excelente para as condições nordestinas.

Infelizmente, porém, muitos estudiosos misturavam as coisas, somavam e dividiam os números e chegavam à conclusão de que a cotonicultura nordestina era de péssima qualidade. Na verdade, o algodão mocó, devido a sua enorme rusticidade, era ecologicamente adaptado, tendo sido a atividade econômica que mais gerava empregos na agricultura do Semiárido. Ao ser abandonado, contribuiu para acelerar o êxodo rural do Nordeste.

Hoje, principalmente após a introdução da praga do bicudo na década de 1980, que afetou severamente os algodoais existentes, essa dicotomia entre o mocó e o herbáceo está sendo superada pelo avanço do melhoramento genético, que tem permitido desenvolver variedades de algodão herbáceo adaptadas ao Nordeste, com boa produtividade e rusticidade, causando a substituição de cultivos.

Tomando-se outro exemplo, sabe-se que os produtores comerciais de milho de São Paulo ou do Paraná colhem cerca de 5 toneladas por hectare, sendo comum a obtenção de produtividades maiores, que ultrapassam 8 toneladas por hectare. Por outro lado, milhares de pequenos agricultores, que normalmente produzem para consumo próprio, colhem milho numa faixa de produtividade bem inferior, ao redor de 3 toneladas por hectare. Considerando os agricultores nordestinos, essa produtividade é menor ainda, dependendo da ocorrência das chuvas.

À primeira vista, os cultivos dos pequenos agricultores devem ser considerados ridículos, sendo abominados. Isso seria, entretanto, um grave equívoco. Ambas as produções, embora diferentes, são corretas, porque se referem às condições de produção socioambientais também diferentes. Os que produzem menos, em economia de subsistência, usam tecnologia menos intensiva de capital e apresentam custos menores. Os produtores comerciais, por sua vez, trabalham com tecnologias de ponta, adotam maciçamente insumos modernos, que elevam os custos de produção.

Isso significa que os níveis de produtividade física deverão ser necessariamente diferentes. A priori, entretanto, nada de errado há nisso. No fundo, são culturas distintas. Calcular, nesse caso, a média das produtividades, considerando as duas distintas situações de produção, não serve para indicar absolutamente nada.

A má economia costuma cair nesse erro comum ao analisar as condições produtivas da agricultura brasileira. Desconsidera-se a diversidade dos agroecossistemas e esquece-se da natureza da produção. Trabalha-se com médias de produtividade que não mostram nada, a não ser a incapacidade da econometria em apreender a realidade da complexa produção rural.

O equívoco da generalização é o pecado capital das análises sobre a agricultura brasileira. Realidades tão distintas não podem ser somadas e simplificadas, principalmente em se tratando de uma nação continental, como o Brasil. Ao contrário dos países europeus, pequenos e mais homogêneos, nossa extensão territorial provoca variações enormes entre os ecossistemas naturais, bem como nas condições socioeconômicas da produção.

Por isso, o raciocínio simplista acaba derivando em um reducionismo na interpretação da realidade social, defeito que se torna dramático no seio da opinião pública. Daí ao maniqueísmo é um passo curto. Assim surgiram as dicotomias agricultura de exportação *versus* mercado interno, pequena *versus* grande propriedade, associando-se a pequena propriedade à produção de alimentos, e a grande à exportação de matérias-primas.

Aquilo que era verdadeiro em determinada situação histórica, para uma certa realidade, foi generalizado em demasia. É como se existisse apenas um tipo de agricultura no Brasil, homogênea, semelhante do Oiapoque ao Chuí. Quando o tema é a reforma agrária, então, a generalização chega a ser absurda. Imagina-se apenas uma receita de reforma agrária para o Brasil, como se a situação do Pará fosse, por exemplo, idêntica à do Paraná.

A mídia, com sua linguagem resumida e estereotipada, tem contribuído para essa simplificação. Cabe, porém, à academia a maior parcela dessa culpa. Os dados existentes sobre a estrutura agrária são tão precários e algumas análises a respeito do problema da terra no país são tão simplistas que semeiam mais confusão que esclarecem a sociedade. O resultado é a vulgarização e a mistificação do problema agrário brasileiro.

A teoria distorcendo a realidade

A correta compreensão da realidade agrária enfrenta ainda um terceiro e difícil obstáculo. Além da dependência histórica e da submissão ecológica, a busca da realidade agrária padece de um mal próprio do conhecimento científico. Trata-se da distorção cognitiva provocada pela ideologia.

Esse problema, especialmente afeito às ciências sociais, tem sido apontado há muito pelos estudiosos da teoria do conhecimento. A visão que o cientista tem da realidade acaba sendo influenciada pela sua ideologia, pelos valores que carrega em sua existência social. Quanto mais dogmático seu pensamento, mais deformada pode ficar a interpretação da realidade que faz. Os fatos passam a ser enxergados não como são, mas como deveriam ser à luz da teoria que move sua angústia intelectual.

Nessas condições, a teoria acadêmica pode tornar-se uma camisa de força para o pesquisador. Busca-se, através da análise da realidade, uma comprovação empírica para as ideias aceitas *a priori*, ocorrendo frequentemente que, ao invés de adaptar-se a teoria à realidade estudada, deforma-se esta para salvar os cânones teóricos.

Ninguém melhor que Caio Prado Júnior discutiu esse problema na compreensão do problema agrário brasileiro. Contrariando as teses centrais do Partido Comunista nos idos da década de 1950, Caio Prado afirmava que a revolução brasileira não se enquadrava na clássica formulação marxista da necessidade da transição do feudalismo para o capitalismo, ou seja, da necessidade da revolução "democrático-burguesa". O motivo era muito simples: nunca houve feudalismo no Brasil.

Assim se manifestou o maior estudioso dos problemas agrários do Brasil, reagindo ao dogmatismo:

> a teoria originária traçada se fizera em dogma que não se contestava, nem mesmo se analisava criticamente. Passara em julgado, e de tal forma que ninguém mais, ou ninguém que contasse com audiência suficiente, se dava ao esforço de ir às suas premissas ou supostas premissas na realidade do país. Aceitava-se como algo perfeito e definitivo. Incontestável em suma. Não foi possível assim sobrepor a convicções tão profundamente implantadas o testemunho dos fatos, por mais convincentes que fossem para espíritos menos preconcebidos. Esse testemunho perdera inteiramente sua força e eficácia, pois os próprios fatos passariam a ser considerados unicamente através das fortes lentes deformadoras daquelas falsas convicções.[3]

Após argumentar contra a existência do feudalismo na agricultura brasileira, arrematava Caio Prado:

> não é por simples luxo teórico e preocupação acadêmica que estamos aqui insistindo nesse ponto e procurando mostrar o desacerto que

---

3 Prado Jr., *A revolução brasileira*, p. 50.

consiste em interpretar a nossa economia agrária e as relações de produção e trabalho nele presentes como derivações, ou remanescentes de obsoletas e anacrônicas formas e estruturas feudais. Uma interpretação como essa leva naturalmente à conclusão que a luta dos trabalhadores rurais brasileiros teria essencialmente por objetivo (como seria o caso se se tratasse de fato de camponeses) a livre ocupação e utilização da terra que hoje trabalham a título de empregados da grande exploração [...]. Ora, isso vai frontalmente de encontro aos fatos mais evidentes e salientes da realidade brasileira; e mostra como essa errônea interpretação teórica pode conduzir, como de fato tem conduzido no Brasil, à desorientação na prática. As aspirações e reivindicações essenciais da grande e principal parte da massa trabalhadora rural no país não têm aquele sentido apontado [...]. Nos maiores e principais setores da agropecuária brasileira, naqueles que constituem em conjunto o cerne da economia agrária do país e onde se concentra a maior parcela da população rural, os trabalhadores, como empregados que são da grande exploração, simples vendedores da força de trabalho, portanto, e não "camponeses", no sentido próprio, aquilo a que aspiram e o que reivindicam, o sentido principal de sua luta, é a obtenção de melhores condições de trabalho e emprego. E isso que nos mostram os fatos, e é fartamente conhecido de quem observa esses fatos como realmente ocorrem, e não através de deformadoras teorias que fazem deles o que pretendem observadores preconcebidos.[4]

Escritas em 1966, as palavras de Caio Prado permanecem mais vivas que nunca, como se alertassem os revolucionários de plantão. Ainda hoje, após a industrialização do país e a enorme transformação tecnológica verificada na agropecuária brasileira, muitos ainda continuam raciocinando com os dogmas da revolução agrário-comunista, enxergando na luta dos "sem-terra" a possibilidade de vitória dos camponeses sobre os latifundiários.

Isso mostra como é forte o paradigma comunista, formulado nos anos 1950, para a interpretação da realidade agrária do país. Mesmo

---

4 Prado Jr., op. cit., p.67-68.

de forma inconsciente, muitos analistas raciocinam a partir dessas velhas teses, enxergando no campo o atraso feudal que precisa ser rompido para destravar o desenvolvimento nacional. Nesse contexto, a visão que a cidade tem sobre o campo é dogmática e preconceituosa.

Esse problema, de natureza epistemológica, prejudica a análise da agricultura moderna, impedindo que se enxerguem as mudanças ocorridas nas relações de produção e nas formas de comercialização e integração setorial. Raciocina-se, ainda, como se a economia rural fosse estanque e atrasada, quando na verdade hoje a competitividade depende de cadeias produtivas interligadas no *agribusiness* – que, por sinal, representa cerca de 35% do PIB nacional.

Nessa agricultura moderna permanecem, é óbvio, resquícios do passado, inclusive latifúndios, escravismo e coronelismo. Existem, certamente, miséria e situação social degradante, dependendo da região, da expansão das fronteiras agrícolas ou da regressão de atividades econômicas. Esses aspectos atrasados, entretanto, não podem confundir o essencial, que é o caráter fortemente capitalista da produção rural, particularmente no Centro-Sul do país, onde se produz 85% do PIB agrícola.

Mas, como disse Caio Prado, os fatos acabam distorcidos para amoldar a realidade às ideias preconcebidas, que enxergam por tudo uma agricultura atrasada, latifundiária, quase perdulária da sociedade. A mídia acaba potencializando essa distorção no conhecimento da realidade, quando destaca os casos de violência e discriminação no campo. Ocorre que esses fatos, graves por certo, acabam sendo, pela opinião pública, generalizados para todo o mundo rural brasileiro. É como se em toda a agricultura reinasse confusão e imperasse o atraso.

A luta política dos "sem-terra" acaba sendo confundida com a luta dos trabalhadores do campo em geral, menosprezando as reivindicações dos trabalhadores rurais assalariados ou tornando esquecido o drama dos pequenos agricultores, os trabalhadores "com-terra".

O rompimento do paradigma agrário-comunista é uma imposição dos tempos. Continuar raciocinando com as velhas teses significa transformar os latifúndios em "moinhos de vento", qual a luta inglória de Dom Quixote. As velhas bandeiras de luta precisam ser substituídas por propostas que sejam coerentes com a nova realidade imposta pelo *agribusiness*.

Aqui reside o desafio do pensamento agrário progressista. Superar o dogmatismo e encarar a realidade de frente. Não basta tagarelar sobre o passado. É preciso construir um modelo novo de reforma agrária, adequado para uma agricultura que rompeu as barreiras da própria porteira, inserindo-se no mundo tecnológico e competitivo. E numa sociedade urbanizada.

As estatísticas agrárias enganadoras

A questão que mais impressiona aqueles que se defrontam com as estatísticas sobre a estrutura agrária brasileira é a elevada concentração da posse da terra. E o número que mais choca as pessoas é a extensão territorial das maiores propriedades rurais em contraposição à parcela controlada pelos pequenos agricultores. Essas informações são oferecidas pelos cadastros de terras efetuados pelo Incra, cujo primeiro levantamento data de 1967. Em 1972 houve um recadastramento geral dos imóveis rurais.

O cadastro indicava que os latifúndios respondiam por cerca de 410 milhões de hectares, aproximadamente 70% das terras do país. Entre esses, somente 42 grandes imóveis rurais detinham uma área de 47,5 milhões de hectares, enquanto 2,5 milhões de pequenas propriedades dividiam apenas 42 milhões de hectares. Essa concentração fundiária, tida como a maior do mundo, é o que sempre justificou a reforma agrária distributivista, vista como única saída para o desenvolvimento. A luta contra a miséria significava a derrota do latifúndio.

Em 1984, o cadastro de terras fora atualizado e trouxera outra informação aterradora: os latifúndios haviam aumentado a ociosidade de suas áreas. Se, em 1972, cerca de 25% da sua área aproveitável era considerada "não explorada", esse índice havia subido para 41% em 1984. A análise era fácil: os latifúndios não somente mantiveram sua área – visto não ter havido nenhuma reforma agrária no período –, como também agravaram seu caráter improdutivo.

Nessa época começava a campanha das Diretas Já, que acabou levando José Sarney à Presidência da República, em 1985. Criado o Ministério da Reforma e do Desenvolvimento Agrário, o Plano Nacional da Reforma Agrária (PNRA) dava uma resposta ao latifúndio: terras improdutivas seriam desapropriadas para servir ao assentamento de 1,4 milhão de famílias entre 1985 e 1989. Essa meta requereria cerca de 30 milhões de hectares de terras, quase nada perto do enorme estoque de terras ociosas do país.

O PNRA, porém, teve uma implementação difícil. Findo o governo Sarney, apenas 82.690 famílias haviam sido assentadas, menos de 6% da meta estabelecida. A área desapropriada no período atingiu pouco mais de 3 milhões de hectares, sendo que a área média dos imóveis rurais desapropriados foi de 6.180 hectares, muito abaixo do tamanho dos grandes latifúndios utilizados para mostrar a desigualdade da distribuição da terra no Brasil.

Por que os grandes latifúndios não tinham sido desapropriados? Por que a reforma agrária não saiu do papel?

As explicações para o fracasso do PNRA foram quase todas de caráter político. E, certamente, as forças conservadoras tiveram seu papel na obstaculização da reforma agrária, ainda mais considerando a composição política do governo Sarney. A União Democrática Ruralista (UDR), criada nessa época, promoveu grande reação às ações reformistas, mobilizando os produtores rurais e enfrentando, com sucesso, a esquerda desde a Constituinte.

O fracasso do PNRA, entretanto, colocou outra questão em baila, testemunhada por alguns dos executores da reforma agrária. Os famosos latifúndios "por extensão", que deveriam ser os primeiros a serem vistoriados e desapropriados, não estavam sendo localizados na prática. Esse fato provocou um questionamento do próprio cadastro de terras do país. Afinal, o que havia por detrás das estatísticas agrárias?

A análise crítica do cadastro rural permitiu descobrir um terrível equívoco: as estatísticas não espelhavam corretamente a realidade da agricultura. Três problemas graves puderam ser detectados: primeiro, enquanto a agricultura se modernizou, transformando os latifúndios em grandes empresas rurais, os números do cadastro pouco se atualizaram, levando a uma defasagem estatística que mascarava a realidade rural. Segundo, a sistemática de classificação dos imóveis rurais, derivada do Estatuto da Terra, impedia a correta distinção entre a ociosidade das terras do latifúndio e a incapacidade produtiva das propriedades rurais. Terceiro, o cadastro nunca permitiu separar a terra ociosa, utilizada para a especulação fundiária, da terra florestada, ocupada com mata natural.[5]

Vejamos algumas distorções mais evidentes. As estatísticas mostravam que, em 1984, São Paulo ocupava o terceiro lugar entre os estados com mais latifúndios "por dimensão", apresentando 33 dessas unidades, mais que a soma desses imóveis rurais de Mato Grosso e Goiás. Realmente, não é crível imaginar que a agricultura paulista fosse mais latifundiária que a do Centro-Oeste na década passada.

Na execução da reforma agrária em São Paulo se descobriu a verdade: aqueles latifúndios eram "fantasmas", não existiam na realidade. Nenhum deles pôde ser desapropriado, nem sequer foi encontrado para ser vistoriado. Tratava-se de enormes glebas cadastradas no Incra nas décadas anteriores, normalmente áreas griladas, que tinham sido posteriormente desmembradas e regularizadas. Permaneciam, entretanto, sujando o cadastro rural do país.

Mais tarde, em 1992, foi realizado um novo cadastramento dos imóveis rurais brasileiros. Muitas imperfeições e impurezas puderam ser extirpadas, melhorando a credibilidade das estatísticas agrárias. Mesmo assim, em 1996, havia em São Paulo um imóvel rural com 960 mil hectares de extensão, cadastrado como tendo sede no município de Agudos. Para se ter uma ideia, esse "latifúndio" corresponde à área total de 19 municípios da região de Bauru, onde se localizaria. É um absurdo total. Pesquisada sua origem, até hoje se desconhece a razão de essa área ter sido declarada ao Incra.

Se tamanhas distorções são verificadas em São Paulo, pode-se desconfiar da confiabilidade do cadastro nos estados mais distantes e recém-desbravados, na Amazônia ou no Nordeste. A desatualização

---

5 Consulte-se, a respeito, Graziano, *A tragédia da terra*.

cadastral, ao lado da duvidosa situação dominial de muitos imóveis rurais, provoca uma série de imperfeições que deformam completamente a análise sobre a posse e o uso das terras no país. Hoje, sabe-se que a famosa lista dos 342 grandes latifúndios que acumulam quase 50 milhões de hectares, utilizada como exemplo máximo da concentração de terra, pode ser jogada fora. Não serve para nada.

As estatísticas apresentam ainda outras surpresas. Os dados referentes a 1984 permitem verificar que 89,8% dos latifúndios brasileiros tinham área menor que 500 hectares, sendo que 58,2% eram menores que 100 hectares. São, digamos, pequenos latifúndios, algo que nega a própria origem etimológica da palavra: *latus fundus*, "terra extensa". Ora, esses latifúndios em nada se assemelham aos territórios dos antigos "coronéis", os denominados "restos feudais" da agricultura. Seriam aproximadamente um milhão de pequenos coronéis, comandando ridículos latifúndios. Como entender esses números?

O novo cadastramento, realizado em 1992, cujos dados referentes à situação cadastral de 1996 puderam ser analisados, mostra que esse problema da ociosidade das terras continua um mistério a ser decifrado. Basta dizer que as estatísticas mais recentes indicam que o aproveitamento da terra é menor entre os pequenos imóveis rurais em comparação com os grandes. Dos pequenos, 350 mil estão classificados como "produtivos", enquanto 562 mil são "improdutivos". Quanto às médias propriedades, 97 mil são produtivas e 165 mil improdutivas. Nos maiores, a proporção é de 38 mil produtivos contra 54 mil improdutivos.[6]

Não é fácil acreditar nesses números. Como pode ser que as pequenas propriedades rurais explorem menos intensivamente suas terras que as grandes? É um contrassenso. A única explicação é que, de uma forma indireta, essas estatísticas estão captando a crise da pequena e da média propriedade, que provoca índices de produtividade menores. Quer dizer, ao invés de ociosidade, ou especulação, está-se comprovando a incapacidade produtiva da agricultura, diante

---

6 Graziano, *Qual reforma agrária*.

dos condicionantes impostos pelo mercado ou, ainda, decorrente das deficiências da política agrícola.

Essas considerações acerca das deficiências e deformações do cadastro de terras do país afetam as estimativas, algumas extremamente simplistas, sobre o estoque de terras disponível para distribuição nos programas de reforma agrária. Raciocinar com o número total de latifúndios, extraídos do antigo cadastro do Incra, tomando-se a área que ocupam como indicativo desse estoque, é cometer erro primário, embora comum.

No cadastro novo, excluindo-se todas as pequenas e médias propriedades, produtivas ou não, e excluindo-se ainda as grandes propriedades produtivas, resta uma área de 150 milhões de hectares, pertencentes aos 55 mil imóveis classificados como grandes e improdutivos no país. Essa área representa o limite máximo do estoque fundiário passível de destinação para programas de reforma agrária.

Decompondo esse estoque de 150 milhões de hectares, verifica-se que cerca de 100 milhões de hectares encontram-se nas regiões Norte e Centro-Oeste. Outros 25 milhões estão no Nordeste, basicamente nas áreas áridas do sertão. É de se perguntar: quais as possibilidades econômicas e as potencialidades agronômicas dessas áreas? Qual a infraestrutura existente nessas regiões, tanto para apoiar a produção como para comercializá-la? Mais ainda, quais os limites e as decorrências ecológicas da exploração dessas terras da fronteira?

São perguntas sem respostas convincentes. Nunca se analisou com profundidade o potencial produtivo dessas áreas da Amazônia, dos cerrados e do sertão nordestino. Nem tampouco se aquilatou o impacto ambiental do aproveitamento agropastoril das áreas florestadas, permitindo quantificar quanto poderia ser desmatado ou explorado sem causar desequilíbrio ecológico. O certo é que é uma insensatez considerar uma área de floresta virgem como "terra improdutiva". Mata virgem não pode ser sinônimo de "latifúndio".

A preservação da floresta amazônica e dos cerrados do planalto central, bem como de outros remanescentes de áreas naturais, é uma obrigação para com as gerações futuras. Se o interesse é estimar o estoque de terras ociosas, disponível para a reforma agrária, não se pode cometer o equívoco de incluir nessa conta os imóveis localizados nas regiões desabitadas da Amazônia ou nas terras áridas do sertão.

Conclui-se facilmente que o estoque de terras disponível para programas de assentamento rural é bem menor que aquele apregoado, inadvertidamente, pelos entusiastas do distributivismo agrário. Ressalte-se que, mesmo menor, com certeza ainda significa muita terra ociosa para ser aproveitada para redistribuição fundiária.

Os pobres e esquecidos assentamentos rurais

Apesar de toda a celeuma política, a ação reformista do governo, especialmente de 1985 para cá, tem sido expressiva. Os números falam por si: os milhares de projetos de assentamento rural ocupam uma área próxima de 80 milhões de hectares, distribuída entre um 1,1 milhão de famílias. Para se ter uma comparação, existem em São Paulo perto de 280 mil agricultores, que exploram na agropecuária cerca de 16 milhões de hectares.

É muito interessante – e preocupante – perceber que, ao lado dessa ação reformista, nunca houve um acompanhamento técnico-econômico e uma rotina de avaliação para verificar o resultado prático dos projetos de reforma agrária implantados no país. Quanto se produz, o que se produz, como se produz? Qual o impacto desses assentamentos na produção rural, no emprego, na renda? Qual o custo de oportunidade dos recursos públicos despendidos nos assentamentos?

São questões que pouco preocuparam os executores e estudiosos esquerdistas da reforma agrária brasileira, incluindo os quadros do Incra. O resultado disso é que quase nada se conhece da realidade socioeconômica nas áreas reformadas. Essa enorme lacuna parece refletir um viés ideológico: a esquerda agrarista sempre lutou contra o latifúndio, pouco se importando com o resultado prático do distributivismo agrário.

É como se a reforma agrária se esgotasse na desapropriação das terras e no assentamento imediato dos trabalhadores rurais ou a luta política contra o latifúndio estivesse finalizada no momento da divisão da terra. Daí para frente, sabe-se lá o que vai acontecer. No máximo, ouvem-se os discursos vazios de que "não adianta apenas dar a terra, é preciso oferecer as condições de produção" etc. Fora isso, que significa apenas um brado político, nunca houve uma preocupação séria com respeito às condições da produção nas áreas reformadas.

Como derivação desse problema surge outra questão seríssima: trata-se da emancipação dos assentamentos rurais. A teoria e a legislação agrária supõem que, após um tempo no qual a posse da terra é provisória, período necessário para os novos agricultores comprovarem sua aptidão e se firmarem na produção rural, eles possam ser finalmente titulados, tornando-se um novo proprietário, ganhando sua cidadania completa. É o momento de sua emancipação como produtor rural.

Nunca, porém, foi definida uma política de emancipação dos assentamentos rurais. Com exceção de uns poucos casos referentes a antigos projetos de colonização, jamais um assentamento ganhou "alforria", permanecendo desde a sua criação tutelados pelo governo federal, por meio do Incra. Os primeiros assentamentos rurais já têm mais de vinte anos, enquanto algumas áreas antigas de colonização estão há mais de trinta anos penduradas no poder público. Isso cria uma espécie de paternalismo, pois tudo que ocorre ou precisa ser feito nos assentamentos depende do Incra ou do governo estadual, desde a ponte que caiu até a falta de água.

Ressalte-se que essa dependência está sobrecarregando o governo federal e os órgãos de terras dos governos estaduais, comprometendo os recursos humanos e materiais dos novos projetos. Quanto mais avança o programa de reforma agrária, mais se agrava o problema da distribuição dos recursos, pois os custos operacionais carregam todos os antigos assentamentos. Isso só faz a reclamação aumentar.

Seria perfeitamente possível definir que, após um prazo de cinco anos, garantidos os créditos iniciais e executadas as ações de infraestrutura necessárias ao sucesso dos novos agricultores, estes pudessem receber o título definitivo da terra, equiparando-se aos demais milhões de pequenos agricultores do Brasil, compartilhando suas alegrias e desventuras. Uma política ampla de apoio aos agricultores familiares deveria, assim, garantir sua prosperidade.

Isso significaria, de fato, transformar os "sem-terra" em "com--terra". Hoje, entretanto, sem uma política de emancipação dos assentamentos, os trabalhadores "sem-terra" estão perpetuando uma relação de dependência das benesses públicas. Um novo corporativismo público. Embora tenham recebido a terra, embora ali estejam produzindo há anos, continuam sendo "sem-terra". Não deixa de ser paradoxal.

III. O limite da propriedade rural[7]

A chamada esquerda radical retomou, tempos atrás, uma campanha para limitar o tamanho da propriedade rural no país, aumentando a confusão na questão agrária. Ninguém poderia, se aprovada a emenda deles, deter mais de 35 módulos de terra, algo que varia entre 500 a 3 mil hectares, conforme a região brasileira.

A ideia não representa novidade. Nos debates da época constituinte, entre 1996 e 1998, a campanha pela reforma agrária defendeu ferozmente a restrição de 60 módulos rurais para a propriedade no campo. Acima disso, mesmo cumprindo sua função social, o excedente ficaria sujeito à desapropriação. Não passou.

Originada na *Lex Agraria* da Roma antiga, a figura do limite da propriedade esteve abandonada por séculos, ressurgindo apenas no advento do socialismo. Após 1917, na Rússia, o governo revolucionário confiscou 152 milhões de hectares de terras, antes pertencentes ao czar, aos nobres e à Igreja. A terra foi declarada propriedade nacional. Formaram-se os kolcozes, coletivos, e a cada camponês, individualmente, se permitiu cultivar apenas meio hectare. Na marra!

Fidel Castro, em 1959, limitou a propriedade rural em 67 hectares. Áreas maiores passavam ao Estado, constituindo enormes fazendas coletivas. Mais tarde, em 1970, Salvador Allende venceria as eleições

---

[7] Publicado em *O Estado de S. Paulo* (18/3/2003).

no Chile e desapropriaria todas as propriedades superiores a 80 hectares de "riego básico". Durou pouco. O socialista acabou deposto pelos militares em 1973, em meio a uma crise sem precedentes na economia chilena. Caiu fortemente a produção agropecuária e, no período 1971-73, chegou a 50% o total das exportações consumidas para importar alimentos – no quinquênio anterior havia sido de 18%. O desabastecimento derrubou o regime.

A campanha liderada pelo MST e seus congêneres afirma ser preciso acabar com 500 anos de latifúndio. O mote é bom. Mas será que os proponentes da emenda não leem jornais, nos quais se descreve diariamente o brutal ganho de produtividade da agropecuária, que dá *shows* de competência no mundo? Estão desinformados os esquerdistas sobre o espantoso salto da safra brasileira, de 41 milhões de toneladas de grãos para 180 milhões, nas últimas três décadas? Sabem que a pecuária nacional triplicou suas exportações de carne, atendendo, ao mesmo tempo, ao mercado interno?

Ora, nenhum latifúndio conseguiria tais proezas. Ao contrário. A transformação capitalista da agropecuária tornou o latifúndio passado. Basta verificar os Censos Agropecuários do IBGE para se certificar disso. A área média dos estabelecimentos rurais permanece reduzida, tendo passado de 60 hectares para 72,8 hectares, entre 1970 e 1995. O número de proprietários rurais manteve-se, verificando-se redução apenas na categoria dos arrendatários. Quanto à sua utilização, a ociosidade das terras decaiu de 11,3% para 4,6%, no mesmo período.

Há quem insista em utilizar dados do Incra para provar a força do latifúndio. Nada mais desarvorado. Quem entende de estatística sabe quanta pesquisa virou lixo acadêmico depois que se comprovou a deformação provocada, desde o cadastro de 1972, pela grilagem de terras. Cerca de 90 milhões de hectares foram excluídos recentemente do cadastro. Eram latifúndios de papel.

Guerra ideológica: muitos enxergam assim a motivação dos proponentes do limite da propriedade rural. Mas que ideologia? No apogeu do comunismo, a economia marxista vangloriava-se da vantagem da grande produção sobre o campesinato. Kautsky foi renegado por Lenin exatamente por defender a pequena propriedade no campo.

No Brasil, se a guerra é contra o latifúndio, as grandes empresas agropastoris devem ser prestigiadas, não ameaçadas. Afinal, elas trabalham com elevada produtividade, geram empregos e renda, trazem divisas que pagam a conta das importações industriais. Confundir isso com latifúndio, meu Deus!

Talvez seja religioso o fundamento contra a grande propriedade. Se a terra é dádiva divina, a ninguém poderá ser permitido detê-la em quantidade. Faz sentido. Mas de que adianta possuí-la, sem uso? E como utilizá-la, hoje, sem grandes investimentos, com recursos que pertencem ao mundo dos terrenos? Assim, com a tecnologia moderna nasceu o consagrado princípio da função social da propriedade, vinculando ao direito de posse um dever para com a sociedade. As propriedades podem ser grandes, desde que socialmente úteis.

A História merece respeito. No desenrolar da Constituinte de 1988, a esquerda radical sofreu fragorosa derrota. Extremada a luta política, quem cresceu foi a UDR. O Congresso, além de rejeitar o limite da propriedade, consagrou o princípio de que "terra produtiva não pode ser desapropriada", arrebentando o conceito clássico da função social da propriedade. Foi um retrocesso jurídico ante a Carta de 1946.

Naquela época valia sonhar com o comunismo. E a reforma agrária era vista como um passo fundamental da revolução. Não houvera ainda a desilusão da queda do Muro de Berlim. Hoje, o repeteco soa hipócrita. Pior que esquerda atrasada, falsa esquerda.

É de se pensar: será que grandes fábricas, padarias, supermercados deveriam também ser proibidos? Expropria o Antônio Ermírio de Moraes também? Imaginem uma lei assim: fica revogada a escala de produção no campo, a oferta e a procura, esquecida a globalização, e, doravante, todos retornem à época de antigamente.

Puro obscurantismo. É o fruto do progresso que precisa ser mais bem distribuído, e não destruir a base da produção agropecuária.

IV. Ilusão agrária[8]

Uma boa reflexão, cabível para o Dia do Trabalho, seria perguntar: o trabalhador rural prefere um pedaço de terra para cultivar ou um bom emprego com salário fixo? A pergunta remete a um velho dilema da reforma agrária, resvalando na qualidade dos assentamentos rurais. Entenda o porquê.

Quem primeiro levantou a questão, há quase 50 anos, foi o historiador Caio Prado Júnior. Em seu livro *A Revolução Brasileira* (Brasiliense, 1966), ele criticou os comunistas que justificavam a reforma agrária a partir da Revolução Francesa (1779), quando os camponeses tomaram as terras feudais. Ao se transformarem em agricultores livres, porém, fortaleceram a base do capitalismo, não do socialismo. Ironia da história.

A polêmica se embasava no fato de que, no Brasil, a realidade era distinta daquela vivida no Velho Mundo. Aqui, a maioria dos trabalhadores rurais estava empregada na exploração latifundiária – do açúcar, do café, do cacau, ou seja, eram assalariados, não camponeses puros. O foco de suas reivindicações, portanto, mirava a melhoria das condições de emprego e salário – não na terra.

A discussão acabou amordaçada pelo golpe militar de 1964. Passaram-se os anos do milagre econômico. Esquecida por uns tempos, a reforma agrária voltou à agenda nacional após a redemocratização, trazendo uma importante diferença: havia se transformado em proposta de política social, não de desenvolvimento econômico. Com respaldo da teologia da libertação, transformou-se em dogma. Ninguém a contestava.

Vieram as invasões de terra, e o distributivismo agrário se impôs. Desgraçadamente, todavia, fraquejou naquilo que deveria ser sua maior proeza: garantir qualidade de vida aos beneficiários. Arregimentando os excluídos das grandes cidades, mudou apenas a pobreza de lugar. Verdadeiras favelas surgiram espalhadas nos campos.

---

8 Publicado em *O Estado de S. Paulo* (1/5/2012).

Curiosamente, sempre o *governo*, e nunca o *modelo*, acabou culpado do fracasso dos assentamentos rurais. Esse é o ponto central. Ao contrário de antigamente, quando a conquista da terra abria fácil a porta da vitória, na sociedade atual a produção agrícola pode levar, não à felicidade, mas ao martírio do lavrador. Antes, uma enxada e a vontade de trabalhar garantiam o progresso familiar. Hoje, os requisitos da tecnologia e os mercados competitivos exigem qualificação, e esta segrega, opõe-se à simplicidade.

A prova cabal da complexidade da produção rural pode ser buscada nas difíceis condições de existência dos milhões de pequenos agricultores brasileiros. Filhos e netos dos sitiantes tradicionais sofrem na dura labuta para tirar o sustento dos filhos e viverem com dignidade. Pragas e doenças atacam suas lavouras e ameaçam suas criações, a conta dos insumos nunca fecha, a seca rouba produtividade, o banco lhes bate à porta.

Basta conversar com os agricultores familiares – os verdadeiros trabalhadores com-terra do Brasil – para descobrir seus desafios. Ganhar dinheiro na roça não está para qualquer um, ainda mais sendo pequeno produtor. Isolado, então, nem pensar. A integração na cadeia produtiva, a parceria com a agroindústria, dentro da cooperativa e na turma do bairro, é exigência básica para vencer as barreiras da comercialização. Caso contrário, ele produz, e não acha quem lhe pague pela produção.

O pecado capital da reforma agrária, ao se pretender contemporânea, foi visar a transformação de desempregados urbanos em prósperos agricultores. Utopia urbana, não vingou. Os poucos assentamentos rurais vitoriosos advieram de locais onde os produtores já de antemão cultivavam, como ocupantes ou parceiros, as áreas desapropriadas. Assemelhados aos camponeses europeus, conheciam nos calos da mão o cio da terra. Bastou regularizar suas posses para se viabilizarem. Fora disso, somente a tutela do Estado, com ônus exagerado para a sociedade, mantém a ilusão agrária.

Façam as contas. Cada família assentada custa ao redor de R$ 100 mil, incluindo-se o pagamento da terra e o custo operacional nos primeiros três anos. Equivale a pagar um salário mínimo durante 13 anos para cada família beneficiada. Qual lógica, econômica ou social, justifica tal dispêndio?

Alternativas de política pública poderiam ser executadas, se em lugar do acesso à *terra*, fosse o *emprego* o objetivo maior. Projetos de hortas comunitárias direcionadas para a merenda escolar, por exemplo, gerariam milhares de empregos nas periferias das cidades, aliviando as prefeituras dos gastos na compra de alimentos processados. Tais cinturões verdes, se incluídos nas políticas fundiárias, não intencionariam transformar ninguém em sitiante, donos de terra. Mas apenas, e tão fundamentalmente, oferecer um emprego a quem precisa, barateando ainda o lanche das crianças.

A horticultura irrigada garante, no mínimo, três postos de trabalho para cada hectare cultivado. Em comparação com a reforma agrária clássica, que gera dois empregos para cada 30 hectares, a capacidade de absorção de mão de obra nesse eventual novo modelo de política agrária seria 45 vezes maior. Basta mudar o enfoque, da terra para o emprego, para vislumbrar excelentes hipóteses. Urge pensar nelas.

O distributivismo agrário, impulsionado pelas invasões de terras, passou a representar uma ideia atrasada e ineficaz, remédio vencido contra a pobreza. Não resolve oferecer um lote de terra para gente inábil que, distante e desorientada, abocanha as verbas iniciais do Incra, compra um carro velho e se manda de volta à procura de emprego.

Erradas não estão as pessoas. Fora do tempo, e do lugar, se encontra o modelo de reforma agrária, que mira no passado e recria a miséria. Qualificação para o trabalho, isso sim, abre a janela do futuro.

HISTÓRIA CONCISA DA AGRICULTURA BRASILEIRA: DO PÓS-GUERRA AOS NOSSOS DIAS

Zander Navarro

I. A agricultura brasileira: uma proposta de periodização[1]

Propor interpretações sobre o desenvolvimento agrário, salientando em especial os seus momentos de efetiva mudança (e, portanto, as suas fases principais), sempre será um exercício marcado pela controvérsia. Sobretudo, porque são interpretações propostas pelas lentes das ciências da sociedade, campo científico no qual perdura o dissenso teórico. Dessa forma, as escolhas analíticas sempre poderão receber a crítica de perspectivas competidoras. Não será diferente, por certo, em relação ao caso brasileiro e, ainda menos, em relação ao que se propõe a seguir.

Feita essa ressalva – que pretende apenas relevar o aspecto preliminar deste exercício, pois são ainda raros os debates sobre os "momentos decisivos" do desenvolvimento agrário brasileiro –, este autor entende que talvez seja possível perceber que o mundo rural e suas atividades produtivas experimentaram, no período seguinte à

---

1 Primeira seção do artigo "Meio século de transformações do mundo rural brasileiro e a ação governamental", publicado na *Revista de Política Agrícola*, ano XIX (número especial), jun. 2010, p.107-118.

Segunda Guerra, *cinco períodos relativamente distintos*. Em cada um desses momentos, a dinâmica agrícola e rural foi alterada por novos processos, principalmente econômicos, movidos ou por lógica inerente à própria agricultura ou, então, e mais comumente, por forças exógenas desenvoltas o suficiente para imprimir outro rumo à inteligibilidade do desenvolvimento das atividades agropecuárias. Da mesma forma, e sobretudo nos últimos anos, também processos políticos ou institucionais passaram a exercer um peso diferenciador em cada um dos cinco momentos referidos, quais sejam: (i) do pós--guerra a 1968; (ii) de 1968 a 1981; (iii) durante os anos 1980; (iv) a década de 1990; (v) e o período de 1998-99 até nossos dias.

O ponto de partida do primeiro momento, embora um tanto vago em seu limite inferior, é aqui indicado como sendo "o pós-guerra" e culmina em 1965-67, período que assistiu à instituição do Sistema Nacional de Crédito Rural e os demais arranjos institucionais complementares que, depois, animariam intensamente o momento seguinte.

Durante essa primeira fase, a agricultura manteve-se sob visível primitivismo tecnológico, e o aumento da produção decorreu exclusivamente do aumento da área plantada. Praticamente não se usava nenhum insumo agroindustrial, o que pode ser ilustrado pelo Censo de 1960, que apontaria a existência de apenas 56 mil tratores, e todos importados. Em síntese, até aqueles anos a agricultura brasileira era atividade ainda virtualmente pré-histórica, do ponto de vista tecnológico.

Não se desenvolviam, durante os anos dessa primeira fase, comportamentos socialmente expressivos de produtores que fossem motivados por uma lógica econômica propriamente capitalista, prevalecendo primordialmente uma *rationale* de entesouramento, especialmente porque as condições contratuais e a formalização das atividades agropecuárias praticamente não existiam. A cafeicultura reinava absoluta, sendo o café praticamente o único produto significativo na pauta de exportações totais, formada quase exclusivamente por produtos agrícolas, período em que o Brasil era ainda um país primordialmente agrícola e agrário, não obstante a gênese da indústria brasileira observada, em especial, nos anos 1950.

A organização social dos produtores era então embrionária, pois apenas os maiores proprietários de terras formaram (e foram aceitos pelo sistema político) os seus organismos associativos de defesa dos próprios interesses. Os demais produtores, particularmente os mais pobres e os trabalhadores rurais, encontravam dificuldades quase intransponíveis para formar as próprias organizações, sendo que somente nos primeiros anos da década de 1960 os sindicatos de trabalhadores rurais conseguiram uma expansão mais expressiva (sobretudo sob a gestão de Almino Afonso no Ministério do Trabalho, durante o breve governo de João Goulart). Em 1959, por exemplo, existiam apenas três STRs autorizados e/ou reconhecidos, em todo o Brasil.

Esse primitivismo social, econômico, tecnológico e político-institucional começaria a ser quebrado no âmbito do regime militar instituído em 1964, mas se intensificou somente a partir de 1968, que abre assim a segunda fase do desenvolvimento agrário brasileiro. Foram anos de notável expansão econômica, ilustrados por uma taxa média de crescimento anual da economia de 8,9% ao longo da década de 1970 e, pela primeira vez, o Estado brasileiro implantou uma ousada estratégia nacional de modernização tecnológica das atividades agropecuárias. Essa fase cobriu o período de 1968 a 1981, este último ano sinalizando o ocaso desse período, sem precedentes, de intensa expansão tecnológica de algumas regiões rurais brasileiras. Esse é, sem dúvida, *o mais importante momento da agricultura brasileira* e, por tal razão, como antes mencionado, uma periodização simplificada dividiria o desenvolvimento agrário brasileiro em dois momentos: antes e depois da década da modernização econômico--produtiva da década de 1970.

A relevância decisiva daqueles anos, durante os quais floresceram taxas elevadíssimas de crescimento, reside, essencialmente, no fato de instituírem *uma nova lógica econômica* e suas correspondentes exigências formais, as quais alterariam gradualmente, mas de maneira radical, os comportamentos sociais. São anos que observaram a formação das raízes de uma nova sociabilidade, na ocasião ainda restrita às regiões que o regime militar, discricionariamente, optara por privilegiar, quando distribuiu recursos creditícios favorecidos, além de ativar outros mecanismos de expansão agrícola, como a expansão da infraestrutura, também promovendo a constituição de um amplo serviço de extensão rural e assistência técnica.

Ainda mais fundamental, por suas consequências futuras, naqueles anos foi instituída a Embrapa (em 1972), cuja ação posterior, como incubadora de novas tecnologias adaptadas aos biomas brasileiros, se mostraria uma das mais consequentes e alvissareiras decisões dos governos militares. Ao término dessa fase, emergiria um "outro Brasil", seja nas cidades, seja em parte das áreas rurais, ampliado em sua estrutura econômica e muito mais diversificado, com expandida infraestrutura e altas taxas de urbanização e, também, com um novo potencial de desenvolvimento social. Essas foram transformações decorrentes de um movimento intencional e profundo de reestruturação macroeconômica, fortemente sustentada em poupança externa, o que geraria uma dívida externa que comprometeria a fase seguinte. A título de ilustração, recorde-se que, naqueles anos, aproximadamente um quarto de todos os investimentos externos internacionais foram realizados no Brasil, o que resultou em ampla mudança no perfil macroeconômico do país.

Seguindo o bem-sucedido modelo de modernização agrícola implementado nos Estados Unidos no pós-guerra, o governo brasileiro irrigou regiões rurais com crédito farto e barato, promovendo a transformação tecnológica das atividades agropecuárias. Constituiu-se, assim, o parque agroindustrial brasileiro, animado financeiramente com a difusão dos pacotes tecnológicos que foram então oferecidos aos produtores rurais. Essa aliança tácita entre produtores (seletivamente escolhidos em algumas regiões, especialmente os produtores de porte e escala maiores), o nascente setor agroindustrial e as políticas do Estado viabilizaram, finalmente, o abandono de uma sonolenta agricultura do passado. Foi-se enraizando, como resultado, uma nova sociabilidade, agora capitalista, e que, aos poucos, se consolidaria em todo o meio rural brasileiro (especialmente a partir da segunda metade dos anos 1990). Por tais razões é que a década de expansão econômica de 1970 representa um verdadeiro "divisor de águas" no desenvolvimento da economia e da sociedade brasileiras. Importante ainda citar, sobre esse segundo momento, que foi observada uma forte realocação espacial, com aproximadamente 30 milhões de brasileiros deixando o campo, entre 1960 e 1980, para morar nas cidades. Acelerou-se, assim, um processo de urbanização que quebraria definitivamente com o padrão agrário e agrícola da sociedade brasileira do passado.

Essa vigorosa dinâmica transformadora encerrou-se no fatídico ano de 1981, quando o Brasil finalmente colheu os impactos da turbulência nascida na década anterior, com os dois choques do petróleo e a decorrente crise macroeconômica que atingiu os países do capitalismo avançado, produzindo níveis inflacionários antes inexistentes, desemprego e uma reorientação da política macroeconômica. O símbolo maior da inauguração dessa nova fase foi a maior taxa negativa de crescimento da economia brasileira, em 1981 (-4,3%), somente comparável em nossa história à taxa equivalente observada em 1990. Diante de tal quadro de desajustes, assumiria lentamente um novo ideário econômico que, mais tarde, seria chamado de neoliberalismo, em especial durante os anos da década de 1990.

Os anos 1980 foram, no caso brasileiro, se examinados os dados mais gerais, os anos da chamada "década perdida" e constituem a terceira fase do desenvolvimento agrário no pós-guerra. Afetada por baixas taxas de crescimento da economia brasileira, que na média desabou para apenas 2,4% ao ano, com inflação crescente, além do encurralamento produzido por uma monumental dívida externa, aquele decênio representou um imenso desafio para os produtores rurais. Foram anos marcados por repetidos sobressaltos econômicos, com preços reais pagos aos produtores quase sempre cadentes (pois as demandas, interna e externa, se mostravam insuficientes, forçando os preços para baixo). Contudo, com a agricultura sob os impactos de diversos fatores adversos, os anos 1980 observaram um ganho de qualidade extraordinário para a sociedade brasileira. Refiro-me ao inédito fato de ter se verificado, nessa década, a consolidação de um padrão de oferta de alimentos e matérias-primas de origem agrícola que se conectou à demanda existente, articulação que não mais deixaria de existir nos anos posteriores, deixando para trás as situações de escassez temporária de alimentos que, erraticamente, pontuaram a história agrária brasileira.

Esse marcante resultado foi devido a outro fator, nascido na fase anterior, mas consolidado nesse terceiro momento, qual seja, os primeiros frutos dos comportamentos sociais marcados por uma nova sociabilidade. Representando mais uma novidade, naqueles anos, os resultados da produção agropecuária decorreriam também dos ganhos de produtividade, e não apenas da expansão da área plantada, como acontecia no passado. Ou seja, a modernização da década anterior e a intensa absorção de uma lógica propriamente capitalista foram mudando os comportamentos sociais entre crescentes parcelas de produtores e, lentamente, essa nova sociabilidade passou a motivar a melhoria da administração da atividade, na procura de resultados que também incorporassem ganhos de produtividade.

A quarta fase do desenvolvimento agrário brasileiro nasceu, simbolicamente, no ano de 1991, quando foi assinado o Tratado de Assunção, que deu origem ao Mercosul, inaugurando a abertura comercial, uma das facetas dessa fase. Nessa década, vários aspectos fariam, daqueles anos, um período singular da história rural de nosso país. Foram anos críticos para diversos segmentos de produtores, que se refletiram em dois movimentos. De um lado, os preços reais pagos aos produtores foram ainda mais baixos, relativamente à fase anterior. De outro, porém, a domesticação da desordem monetária, que vinha marcando o Brasil desde os primeiros anos da década de 1980, com sucessivos e fracassados planos de correção inflacionária, foi concretizada com a estabilidade obtida em 1994, com o Plano Real, que cobraria um preço aos produtores. A queda dos preços das terras, decorrente da estabilidade monetária, resultou na perda de riqueza patrimonial e, dessa forma, em vários anos daquela década as atividades agropecuárias foram fortemente prejudicadas, causando persistente desestímulo. Do ponto de vista econômico, portanto, para os produtores rurais mais integrados aos circuitos comerciais, a década de 1990 foi extremamente conturbada, observando-se níveis de rentabilidade muitas vezes aviltantes.

Esse quadro de incertezas trouxe também a novidade da emergência, agora com muito mais ênfase, das disputas pelo acesso à terra, com a instalação de um padrão de invasão de propriedades, especialmente pelo MST, que se expandiria nos anos seguintes. Nasce assim um processo de politização nas relações entre as organizações dos produtores, acirrando disputas e conflitos que se espalhariam por todo o país. Finalmente, nessa década, mais dois fatores tipificariam o decênio.

Um deles foi a regulamentação, prevista na Constituição de 1988, dos direitos previdenciários aos beneficiários rurais, universalizando direitos antes negados a parcelas substanciais de brasileiros, com especial destaque para as mulheres rurais, que antes da Constituição ocupavam a posição inaceitável de subcidadãs, sem direito, por exemplo, à aposentadoria rural. A extensão de tais benefícios, na prática, vem significando uma compensação monetária aos segmentos sociais mais pobres do meio rural, uma conquista política inegável e que contribui, ainda que parcialmente, para democratizar as relações sociais no campo.

O outro, típico dessa quarta fase, foi a institucionalização da noção de "agricultura familiar", formalizada com o nascimento do Programa Nacional de Fortalecimento da Agricultura Familiar (Pronaf, em 1995) e posteriormente transformada em lei (2006). Essa mudança traria amplas consequências no longo prazo, segmentando o conjunto dos agricultores em dois grandes grupos, os quais passaram a ser identificados por critérios arbitrários (parâmetros sem nenhuma sustentação teórica).

O objetivo inicial da noção proposta foi tão somente permitir o acesso a fundos públicos e, para tanto, foi necessário adotar critérios objetivos de delimitação dos produtores em categorias. Os anos seguintes, contudo, observaram uma exacerbação daquela segmentação que reflete, antes de tudo, as disputas políticas entre organizações de produtores, incensadas, muitas vezes, por motivações ideológicas nem sempre explicitadas.

Finalmente, há uma última e mais recente fase dessa periodização proposta (a quinta), que se abre no final dos anos 1990, com a explosão das exportações de produtos agropecuários, estimulada pelo crescimento espantoso da demanda chinesa, entre outros novos importadores de alimentos. Trata-se de um período de intensificação econômica e prosperidade que, de fato, já começara bem antes, mas acelerou no final da década – até ser freado pela crise financeira de 2008.

Essa fase já se estruturou sobre uma base técnico-produtiva que, nos últimos trinta anos, depois do enraizamento das mudanças citadas acima em relação aos anos 1970, tem sido fundamentalmente diferente daquela do passado rural brasileiro. A maior mudança foi, sem dúvida, a busca da produtividade como o móvel principal da atividade agropecuária, transformando, agora radicalmente, os comportamentos sociais na maior parte das regiões rurais, e instituindo, definitivamente, a essência de uma racionalidade capitalista como o motor de seu desenvolvimento. Gasques, Viera Filho e Navarro assim analisaram esse período:

> observa-se que, entre 1970 e 2006, 65% do crescimento do produto agropecuário foi devido ao aumento da produtividade total dos fatores, e 35% ao aumento da quantidade de insumos. No período 1995 a 2006, 68% do crescimento do produto se deveu ao acréscimo de produtividade, e 32% ao aumento da quantidade de insumos. Portanto, a produtividade tem sido o principal estimulante do crescimento da agricultura brasileira.[2]

No mesmo artigo, os autores descrevem mudanças arquetípicas na direção de uma lógica capitalista, comparando-se os últimos trinta anos. Por exemplo, a redução relativa do custo do pessoal ocupado, enquanto se elevam, na mesma proporção, os gastos com insumos agroindustriais, como o valor dos estoques de tratores, agroquímicos, adubos e corretivos, entre outros. Em suma, essa quinta fase, que atualmente observamos, tem significado uma crescente monetarização da vida social e a ampliação dos mercados que passaram a

---

[2] Gasques; Vieira Filho; Navarro, *A agricultura brasileira: desempenho, desafios e perspectivas*, p.34.

determinar as relações sociais naquelas regiões, além da afirmação do modelo da agricultura moderna. Em breves palavras, a lógica capitalista é a que rege, agora sem freios de qualquer natureza, as atividades produtivas e os comportamentos sociais, em praticamente todo o mundo rural brasileiro.

Outra característica dessa quinta fase situa-se no plano institucional, com a autonomização do Ministério do Meio Ambiente (MMA, em 1999), antes submetido a outros imperativos ministeriais, e a constituição do Ministério do Desenvolvimento Agrário (MDA), no mesmo ano. O primeiro ministério, respondendo à sua esfera de ação, vem conseguindo, no período coberto por essa quinta fase, "cercar" as chances de expansão da agropecuária, com a instituição de diversos preceitos normativos que limitam a ação dos produtores. O MDA, por sua vez, vem acentuando, em níveis extremados, quase paroxísticos, aquela segmentação entre os produtores, fazendo da divisão entre familiares e não familiares uma antinomia que produz efeitos deletérios visíveis para a conformação de uma ação governamental lógica e consistente.

Finalmente, nessa fase há um acirramento das disputas políticas mais evidentes no meio rural, envolvendo o Estado e as organizações dos produtores. Embora a presença do MST seja ainda ativa em algumas regiões, é muito provável que, nos próximos anos, os confrontos derivem não da organização dos sem-terra, que atualmente se encontram em franca debilitação política,[3] mas da disputa pelos fundos públicos. Esse conflito potencial poderá contrapor a necessidade de financiamento da produção dos produtores mais integrados comercialmente à necessidade de financiamento dos produtores familiares. Estes últimos, institucionalizados por uma lei recente, têm obtido substancial apoio político e institucional nessa disputa, que precisa ser assim arbitrada e pactuada, de forma mais transparente e republicana, pelo Estado brasileiro.

---

3 A esse respeito, cf. o texto "Dezesseis teses sobre o MST e a reforma agrária" (p.117).

II. A questão agrária brasileira[4]

Esta seção muda o plano de análise: saem de cena os autores e suas visões teóricas sobre o desenvolvimento do mundo rural e a questão agrária, e entram no palco as realidades da agropecuária e da vida social em regiões rurais brasileiras.[5] Não se procederá, nesta parte, à elaboração de uma síntese das leituras que interpretadores brasileiros realizaram, ao longo do tempo, investigando as relações sociais ou os bloqueios para a expansão capitalista no campo – esforço já realizado por vários outros autores e não cabe aqui repeti-los. Mais importante, provavelmente, é enfatizar o plano das realidades agrárias em um período recente e acentuar que as transformações operadas nesses anos criaram uma dramática inflexão na questão agrária no Brasil, virtualmente sepultando-a em sua versão clássica. As regiões rurais experimentaram, especialmente a partir da segunda metade dos anos 1990, uma silenciosa e profunda revolução econômico-produtiva que rapidamente enraizou uma sociabilidade distinta do passado agrário e suas representações – ainda que estas se mantenham em boa parte do imaginário coletivo nacional.

Os últimos quinze anos vêm assim revelando as evidências desse descompasso visível entre ideias que ainda dominam parte das percepções mais gerais da população (e seus muitos intelectuais e acadêmicos), quando se pensa o campo brasileiro, e os comportamentos sociais rurais e a concretude agrária. Aquelas são visões que supõem a existência de inaceitável atraso, em todos os sentidos (particularmente o econômico), como a presença que ainda seria ostensiva de latifundiários exclusivamente patrimonialistas. Assim, se imagina, existiria um "outro mundo" – o rural – que seria essencialmente diferente da dinâmica urbana, sem marcas substantivas de uma sociabilidade

---

4 Segunda seção do artigo "A vida e os tempos da questão agrária no Brasil", publicado no livro organizado por Teixeira et al., *As questões agrária e da infraestrutura de transportes para o agronegócio*, 2011, p.85-112.

5 A observação inicial se refere à primeira seção do artigo original, na qual é discutida criticamente a trajetória conceitual e política da expressão "questão agrária" na tradição do pensamento social marxista.

capitalista e "elementos mais modernos". Mas é possível destacar especialmente esse período em seus contornos empíricos, porque foi disponibilizado o Censo de 2006, que pode ser confrontado com o censo anterior (1995/96), e essa comparação tem demonstrado, pelo contrário, uma intensificação tecnológica e uma correspondente mercantilização da vida social sem precedentes na história agrária brasileira, mudanças confirmadas por diversos estudos que comprovam esse acelerado adensamento produtivo nos anos mais recentes. Trata-se de um processo de transformação que repercute a formação de uma geração de agricultores com aguçada sensibilidade capitalista (reorientação comportamental iniciada com a modernização das regiões rurais na década de 1970), os quais são atraídos pela elevação dos preços das mercadorias agrícolas no mesmo período, crescimento estimulado pela expansão do mercado interno e pela demanda internacional, particularmente a chinesa.

Se tais movimentos monetários motivaram, em especial, a agricultura de maior escala, os produtores de menor porte não ficaram totalmente à margem desse processo de expansão capitalista. Nesse caso, foram impulsionados, particularmente, pelo Pronaf, cujos desembolsos saltaram de R$ 2,1 bilhões em 1999-2000 para R$ 15 bilhões, dez anos depois. De fato, se examinada criteriosamente a história agrária, ocorreu um primeiro momento de "irrigação monetária" do mundo rural, em função da regulamentação dos direitos previdenciários assegurados pela Constituição de 1988, que ampliou a distribuição de fundos públicos aos segmentos sociais rurais mais pobres, já na primeira metade dos anos 1990. Aquela ação foi seguida pelo Pronaf e, na última década, pela ampliação das políticas sociais, como o programa Bolsa Família e, também, a ampliação de outras políticas governamentais destinadas ao grupo intitulado de "familiar", como a Política de Aquisição de Alimentos (PAA) ou o Programa Nacional de Alimentação Escolar (Pnae), entre outras iniciativas.

A prova definitiva da hegemonia quase absoluta de uma nova racionalidade que atualmente comanda as famílias rurais é o crescimento da produtividade total dos fatores na agricultura. De fato, segundo estimativas realizadas, entre 1970 e 2006, 65% do crescimento do produto total agropecuário deveu-se ao aumento da produtividade, o que sugere um mundo rural dominado por uma lógica capitalista – ainda, como é óbvio, que as manifestações sociais e econômicas de tal racionalidade variem fortemente entre as diversas regiões rurais e entre os grupos e classes sociais. Como ilustração, se considerada apenas a pecuária, esse descompasso entre "opinião pública" e realidade é ainda mais chocante, pois se avolumam as críticas àquele setor produtivo, como se condensasse todos os males sociais e ambientais do mundo rural brasileiro, mas os dados são categóricos: também entre 1950 e 2006, os ganhos de produtividade explicaram 79% do crescimento na produção pecuária brasileira, enquanto a expansão da área de pastagens respondeu por menos de 21% desse avanço. Ou seja, rotular a pecuária brasileira como "o paradigma do atraso", atualmente, é revelador de desconhecimento do meio rural no Brasil. E tanto o caso geral da produtividade agropecuária, como o caso específico da pecuária, registram uma notável aceleração de incorporação tecnológica a partir de meados da década de 1990.

Diante dessa transformada realidade, ainda largamente despercebida pela sociedade brasileira (incluindo, insista-se, muitos pesquisadores), permanece também uma (relativamente generalizada) inquietação sociopolítica em relação à vida rural, como se persistisse uma "questão agrária" em seu sentido convencional (como registrado na seção anterior) – talvez até, para alguns, com contornos similares aos anos 1950 e 1960. As regiões rurais do Brasil, contudo, mostram que praticamente não existe mais uma questão agrária no Brasil, mesmo que os padrões de desigualdade social permaneçam praticamente intocados, ilustrados pela distribuição da propriedade fundiária (um dos índices de Gini mais altos do mundo). Se considerado apenas o fator terra, teoricamente uma situação geradora de conflitos sociais permanece como a marca principal das regiões rurais, mas essa não é mais uma contradição que tem a mesma dimensão do passado e gradualmente nos acostumamos com esse padrão fundiário. E por que seria assim?

A resposta é relativamente simples e apenas observa as mudanças operadas no Brasil no período contemporâneo, bem como diversas tendências já em andamento, internamente e nos mercados internacionais. Basicamente, trata-se da combinação de algumas tendências, as quais indicam claramente o futuro do mundo rural brasileiro e das atividades agropecuárias e, como resultado, a marginalização, senão uma radical mutação, da outrora famosa "questão agrária". São as seguintes tendências:

(a) Urbanização: com os dados mais recentes, apurou-se que apenas 15,6% dos brasileiros vivem em regiões consideradas rurais, movimento de rarefação demográfica que deve se manter nos próximos anos, embora em velocidade menor. Não é improcedente sugerir que em 2020 os residentes rurais serão talvez a metade dessa proporção (especialmente se forem mantidas taxas anuais de crescimento do PIB de 3%, 4% ou mais);

(b) Especialmente diante da observação anterior, nenhum processo de redistribuição de terras, seja qual for, conseguirá alterar mais a realidade de uma estrutura fundiária concentrada e o seu atual padrão bimodal, aspectos estruturais que permanecerão como uma marca distintiva do mundo rural nas décadas vindouras. A razão: inexiste demanda social para exigir sua mudança. Insisto nesse aspecto há vários anos, sem ter recebido nenhum desmentido centrado em fatos empíricos. O atual Programa Nacional de Reforma Agrária teria assentado aproximadamente um milhão de famílias, sem que o índice de Gini para medir a concentração fundiária sequer se alterasse (ainda que minimamente) em qualquer das regiões rurais brasileiras;

(c) Além disso, as perspectivas para a agricultura comercial brasileira se mantêm extremamente alvissareiras no futuro próximo. Os preços das mercadorias agrícolas no comércio internacional já subiram para patamares mais altos e a demanda externa por alimentos certamente crescerá ainda

mais, com a elevação da renda média em todas as partes do mundo, inclusive a maior parte da África;
(d) Nenhum país do mundo apresenta as potencialidades produtivas que o Brasil ostenta, em termos de crescimento da produção agropecuária. As projeções indicam uma posição de dominância do país em diversos produtos de origem vegetal e animal. Nenhuma outra nação pode rivalizar em termos de áreas ainda a serem ocupadas, disponibilidade de água e luminosidade. Sequer as transformações oriundas das mudanças climáticas, de acordo com os melhores modelos existentes, indicam uma perda substancial de área dos principais cultivos, não obstante perdas de algumas regiões atuais de produção que se tornarão inóspitas para as atividades agrícolas. Mas serão compensadas com a expansão da fronteira agrícola em regiões ainda não ocupadas produtivamente. Especialmente, serão compensadas com ganhos adicionais de produtividade naquelas áreas que permanecerem em operação, pois existe ainda muito a avançar no tocante a esse aspecto (sem implicar oferta nova de inovações, mas apenas a adoção mais ampla daquelas já existentes e testadas);
(e) Adicione-se a esse quadro potencialmente promissor a existência de um mundo faminto por biocombustíveis, e as condições de produção de riqueza derivadas da produção do etanol extraído da cana-de-açúcar brasileira tendem a aprofundar ainda mais a acumulação de capital gerada pela agricultura do país;
(f) Em consequência, o crescimento da agricultura comercial será ainda mais robusto e o espraiamento de uma sociabilidade capitalista, um fato incontornável. Da mesma forma, a manutenção de um padrão agrário bimodal, com a ampla dominação da agricultura comercial de maior escala em diversas regiões, sobretudo no Centro-Oeste, que deve se tornar a mais importante região agrícola do Brasil, quiçá do mundo. A agricultura comercial de menor porte deve continuar mais forte nos três estados sulinos. Especialmente, a ampliação e

a crescente complexidade das cadeias produtivas, que passarão, crescentemente, a comandar a agropecuária brasileira – o que seria mais uma prova empírica da minimização da questão agrária, pois a matriz de eventuais conflitos distributivos passaria a ter o seu epicentro nas regiões urbanas.

Nesse sentido, a *questão agrária brasileira deixou praticamente de existir, pelo menos nos termos postos pelo passado social e político brasileiro e segundo a sua formulação "clássica"*. Alguma dimensão de conflito social deverá permanecer, mas vai se tornando residual com o passar do tempo, reduzindo-se à esfera trabalhista, nas poucas regiões onde permanece importante um contingente de trabalhadores rurais assalariados (os conflitos centrando-se nos salários pagos, nas condições de trabalho, direitos previdenciários e temas correlatos). As outras dimensões de conflito continuarão ocorrendo (talvez se intensificando), mas apenas no interior das cadeias produtivas, as quais devem se fortalecer cada vez mais, gerando conflito distributivo do "bolo total" da riqueza gerado em cada caso (por exemplo, entre a indústria processadora e os produtores integrados: situações como essa tendem a crescer). E, finalmente, conflitos entre o governo federal e interesses setoriais mais gerais (como o endividamento agrícola) ou mais específicos, como quedas de preços ocasionais para alguns produtos. Passivos históricos, como a apropriação fraudulenta da terra em diversas regiões e em épocas distintas, à essa altura, não têm a menor possibilidade política de serem revistos, tendendo a ser definitivamente legalizados.

Em síntese, a questão social brasileira, nos últimos trinta anos, deixou o campo e foi para as cidades. E a questão agrária tradicional começa a entrar nos livros de história como uma página do passado.

Haveria ainda alguma chance de contestação social e política, sob o escopo de tais transformações? O espaço político para uma forte ação política orientada pela esquerda democrática vai sendo rapidamente reduzido no campo brasileiro. Especialmente, porque vai se tornando um espaço social de menor importância quantitativa e os temas políticos de maior consequência se tornam, cada vez mais, apenas urbanos. Talvez seja mais importante pensar na vasta maioria dos municípios médios e pequenos de base agrícola como o *locus* da ação política potencialmente mais relevante – com repercussões em suas regiões rurais. Para esses municípios, uma política de elevação real das aposentadorias rurais, por exemplo, pode ter uma importância geral maior do que ações específicas diretamente dirigidas às famílias rurais.

É também preciso pensar em uma ação regionalmente diferenciada, quando se fala em regiões rurais brasileiras. Metade daquelas famílias consideradas "pobres rurais" reside em regiões do Nordeste, onde deveriam ser concentradas ações mais específicas. Os três estados do Sul, por sua vez, concentram a mais forte e integrada agricultura de menor porte com direção familiar e para essas famílias a ação propositiva deve ser dirigida mais às políticas públicas que permitam menor risco em sua integração às cadeias produtivas, acesso mais rápido à ciência (por meio de assistência técnica consequente e eficaz, diferente da que existe atualmente), algum tipo de garantia de renda, entre outros mecanismos. Em suma, fortalecer uma legislação que garanta direitos aos integrados, protegendo-os mais claramente dos processos econômicos de seleção capitalista. Ou seja, a heterogeneidade estrutural da agricultura brasileira se torna evidente quando opõe a agricultura comercial de maior escala (ideologicamente chamada de "agronegócio") à agricultura comercial de menor escala (que chamamos de "agricultura familiar", embora essa também faça parte, tecnicamente falando, do mesmo "agronegócio"). É sobre tal heterogeneidade que deveria ser proposta uma nova e estratégica visão política.

Creio que uma ação política progressista e democrática deveria inserir em seu programa, dada as realidades acima esboçadas, a meta mais óbvia: renunciar publicamente à ameaça principal da agricultura comercial de larga escala (que seria a manutenção da reforma agrária) e partir para um forte programa de garantia jurídica, mas com algumas exigências sociais e ambientais como contrapartida: (a) um amplo programa nacional de recuperação do salário rural, também garantindo todos os direitos trabalhistas; (b) uma ação forte e consequente de respeito às exigências ambientais, conforme os preceitos legais; (c) ampla negociação, com as organizações representativas correspondentes, para oferecer maiores possibilidades de acesso à educação e saúde para os assalariados rurais, assim como algum programa de moradia rural razoável (em termos de suas condições financeiras); (d) promover mais consistentemente um processo de solidificação econômica dos assentamentos rurais existentes, que seria muito distante dos intentos superficiais e erráticos atualmente sendo realizados; (e) igualmente, exigir a formalização das atividades dos imóveis rurais de grande porte, ainda largamente informais. É situação que incentiva ilicitudes variadas, que precisam ser urgentemente coibidas, pois sustentadas por fundos públicos. Tais ações, complementadas com outras, e sempre com a legitimidade política de uma negociação nacional, pública e transparente, reduziriam os conflitos sociais entre o capital agrário e o trabalho rural, garantindo alguma prosperidade social para o grupo ainda existente de assalariados rurais.

Em relação aos pequenos agricultores de base familiar, as ações precisariam obedecer à ótica diferenciada, pois esses precisam de mais apoio técnico e uma verdadeira assistência no campo tecnológico, desideologizada e que garanta integração às cadeias produtivas com maior probabilidade de garantia de renda e permanência na atividade. Finalmente, para todas as regiões rurais brasileiras, uma ação mais consequente de valorização do meio rural e da agricultura brasileira, o que poderia ser arquitetado sob diferentes formas, de acordo com as particularidades regionais.

Restaria um breve comentário sobre a reforma agrária, política pública que, afinal, simbolizou no passado a própria questão agrária em sua manifestação mais urgente. Ainda seria necessária? Normalmente esquecemos dois aspectos relevantes e esclarecedores sobre o tema. Um é histórico: processos de reforma agrária ocorreram, em sua maioria, entre os anos 1950 e 1970. Posteriormente, "saíram de moda", e o Brasil é o único país que ainda insiste com tal política. Tornaram-se programas anacrônicos porque esquecemos o segundo aspecto: reforma agrária, tecnicamente, significa transferir direitos de propriedade de forma irrecorrível, sendo por isso mesmo que apenas o Estado pode implantá-la e operá-la. Dessa forma, com as "ondas democratizantes" do período contemporâneo, tais atos de força foram se tornando crescentemente implausíveis, do ponto de vista do jogo político democrático. Essa é parte das explicações para o relativo fracasso da reforma agrária brasileira, que atualmente é apenas um processo de redistribuição de terras, a maior parte delas adquirida pelo Estado, largamente concentrada em dois estados (Pará e Maranhão) para as famílias que ainda lutam pelo acesso à terra (demanda social que, por sua vez, caiu dramaticamente nos últimos dez anos).

Mecanismos de reorganização fundiária (como reforma agrária ou políticas de compra de terras para redistribuição social) ainda fazem algum sentido apenas na região que começa na metade norte de Minas Gerais e se estende até o Maranhão. No restante do Brasil se tornou uma insensatez, em termos de recursos envolvidos. Por que realizá-la naquela vasta região: (a) porque é onde mora a metade dos pobres rurais, conforme indicado acima; (b) não é região de grande importância agrícola (exceto em algumas de suas sub-regiões, facilmente identificadas), sendo a produção aí existente dirigida aos mercados locais e, mais raramente, para o mercado nacional ou internacional; (c) é onde se concentram as fontes de clientelismo político de origem rural, as quais poderiam ser eliminadas com um processo de reforma agrária mais forte que aí se concentrasse; (d) os preços das terras são mais baixos, viabilizando tal política; (e) é onde, substantivamente, ainda poderia ocorrer algo mais próximo de "reforma agrária" na história brasileira, desde que aí se concentrassem todos os recursos atualmente existentes. Essa ação focal e concentrada provavelmente tornaria a reforma agrária, nesse caso, viável. A continuar como fazemos, com um suposto "programa nacional", estamos apenas brincando de fingir que uma reforma agrária está em marcha no Brasil e, consequentemente, que ainda existe uma "questão agrária" a ser objeto de ação social, política ou de intervenção estatal.

Há algum futuro para a chamada "questão agrária"?

Apontados alguns esboços da narrativa conceitual sobre a questão agrária e, igualmente, comentada sucintamente a sua especificidade e a sua concretude aplicadas ao caso brasileiro, como ficamos? Para ilustrar o início da resposta, talvez sejam emblemáticas duas manifestações de personagens diretamente associados à questão agrária brasileira, por suas posições de autoridade ou influência. Primeiramente, o ex-ministro Guilherme Cassel, ocupante de posições destacadas no Ministério do Desenvolvimento Agrário, culminando com a direção ministerial (2006-2009), menos em função de sua competência na área, e mais por razões de sua disposição no campo político do partido ungido ao poder. Em seus primeiros anos, ele ofereceu inúmeras e deploráveis manifestações demonstrativas de seu profundo desconhecimento acerca do mundo rural brasileiro. São visões idílicas que, em parte, ainda povoam os argumentos usuais do ex-ministro, especialmente por aferrar-se a leituras românticas sobre os empreendimentos rurais de menor porte e gestão familiar ou, ainda, por manter a surpreendente perspectiva, completamente errônea, de segmentar o mundo rural através da polaridade agronegócio *versus* agricultura familiar. Mas, com o tempo, temperado pela aspereza do cargo e seus desafios, e disposto a analisar os desafios de sua pasta com abertura e visão mais crítica, além, por certo, de ter tido experiências concretas ao longo dos anos, foi capaz de rever algumas de suas concepções iniciais, aquelas que certamente foram "compradas" de assessores militantes. No entardecer de sua gestão, pouco antes de deixar a pasta, não teve dúvidas em afirmar que

> Durante muito tempo, acostumamo-nos com uma ideia vinculada à Igreja Católica, nos anos 1960, de que a reforma agrária era uma decorrência histórica inevitável. E que não haveria desenvolvimento econômico se não houvesse reforma agrária. Portanto, os movimentos sociais vinculados à reforma agrária se julgavam, de alguma forma, portadores de uma verdade universal incontornável [...] a vida mostrou que não é assim. Vimos que é possível crescer e se desenvolver

sem reforma agrária [...]. Acreditamos que a reforma agrária somente irá acontecer se for uma escolha da sociedade. E, nos últimos anos, essa luta tem perdido sua legitimidade social [...] não temos uma sociedade organizada pedindo reforma agrária com urgência. Não há o grito: "reforma agrária urgente e necessária".[6]

Outra manifestação igualmente densa em simbolismo e significados, especialmente políticos, sobre a questão agrária foi ofertada pelo líder inconteste do MST, João Pedro Stedile. Pressionado pelo notório e irreversível definhamento da organização, diante de diversos desafios que suas lideranças não têm conseguido decifrar (e enfrentar), Stedile, ao contrário de Cassel, mantém a teimosia cega derivada das viseiras que utiliza e se recusa a pôr os pés no chão e, sobre as realidades agrárias, sugerir algum caminho viável para o MST. Ao contrário, reiterando os inúmeros autoenganos que marcaram sua trajetória como operador político, insiste em um diagnóstico ainda mais controverso, cuja concretização ultrapassa uma visão onírica e adentra o terreno mais bruto do infantilismo ideológico. Ao discutir a faceta principal da questão agrária, ou seja, o padrão de distribuição desigual da propriedade da terra e, portanto, a viabilidade da reforma agrária, repete uma série espantosa de proposições que estão próximas de um delírio insano, tal o grau de irrealismo. Somente a citação reproduzida abaixo, se examinada exegeticamente, à luz da racionalidade discursiva e confrontada com o plano das concretudes agrárias, poderia produzir um longo documento demonstrativo da natureza errática e desinformada de tantas lideranças de organizações rurais que se arvoram como "representantes" de setores sociais. Nas palavras do dirigente principal do MST,

> O programa de reforma agrária clássica [...] depende de um projeto político de desenvolvimento nacional baseado na industrialização. Isso saiu da agenda no Brasil [...] então, esse tipo de reforma

---

6 Cassel, "Desenvolvimento agrário". Ciclo de palestras. Disponível em: <http://www.sae.gov.br/site/?p=3946>.

agrária está inviabilizado [...] cabe aos movimentos sociais do campo se organizarem e lutarem agora por um novo tipo de reforma agrária. Chamamos de reforma agrária popular. Além da desapropriação de grandes latifúndios improdutivos, é preciso reorganizar a produção agrícola, com um novo modelo. Nós defendemos políticas que priorizem a produção de alimentos. Alimentos sadios, sem agrotóxicos. Uma combinação de distribuição de terras com agroindústrias nos assentamentos de forma cooperativa, voltada para o mercado interno. Implantando uma nova matriz tecnológica baseada nas técnicas agrícolas da agroecologia. E ainda a ampla democratização da educação, com a instalação de escolas em todos os níveis, em todo o meio rural.[7]

São dois depoimentos que, por ângulos diferentes, jogam uma pá de cal na questão agrária brasileira. Ambas as declarações, a seu modo e com as citadas diferenças, não percebem as radicais transformações operadas no campo brasileiro, a partir da modernização da década de 1970 e intensificadas nos últimos quinze anos. São processos que operaram profundas mudanças nos padrões estruturais do passado e, por essa razão, alteraram, igualmente, a natureza da questão agrária brasileira. Se esta permanece, nada mais tem a ver com os tempos idos, mas poderá, isto sim, assumir novos contornos, muito distintos do que a literatura ainda utilizada costuma sugerir. Sob o impacto dessas novas facetas que passaram a ativar os processos econômicos e a conformar as particularidades sociais, a questão agrária brasileira, em nossos dias, se distancia totalmente do discurso tradicional da esquerda convencional e aporta desafios inéditos para os analistas. Basicamente, uma questão agrária em nosso país, se ainda existir, precisaria lidar com três grandes temas não resolvidos ou inéditos:

(a) *a face trabalhista:* sob a leitura tradicional da questão agrária, existiria uma tendência à formação de um "proletariado rural", e sua presença desenvolveria uma oposição crescente aos grandes detentores de terras. Não foi o que ocorreu em

---

[7] Stedile, O MST muda o foco, *Carta Capital*, 29/7/2011.

nenhuma parte do planeta. Dessa forma, a face trabalhista da questão agrária que ainda permanece, no caso brasileiro, diz respeito apenas, e não mais do que isso, ao tema dos direitos, historicamente negados pelos maiores proprietários de terras, em todas as regiões. O que é facilmente evidenciado, por exemplo, pela baixíssima proporção de carteiras assinadas entre os assalariados rurais, para não mencionar outras dificuldades de usufruto dos direitos existentes legalmente. Assim, se organizados, os trabalhadores assalariados das regiões rurais (grupo social que tende a reduzir-se com o tempo) ainda terão aqui um elemento político conflituoso, sob o qual disputas poderão ainda ocorrer em regiões rurais. Um esforço, enfim, não de se "opor ao capital", mas tão somente objetivando vencer o arcaísmo das relações sociais rurais e, finalmente, trazer algum sopro de modernidade também a esse setor econômico-produtivo;

(b) *o poder econômico dos grandes grupos agroindustriais*: com o esvaziamento demográfico do campo e a constituição das cadeias produtivas que se tornam economicamente poderosas no decorrer dos anos, os atores determinantes do mundo rural, de fato, se tornam urbanos – são as agroindústrias que moldam as faces agrárias, em todas as situações agrárias nas quais se deu a expansão econômica e a formação de complexos agroalimentares pujantes. Em todos esses casos, inexistindo algum tipo de regulação estatal que impeça a formação de setores oligopolizados, os riscos são crescentes para os produtores e, igualmente, para a sociedade como um todo;

(c) *a face ambiental*: esta será, provavelmente, a verdadeira e mais dramática face da questão agrária brasileira nos próximos anos. Não é preciso maior argumentação, bastando rememorar a trajetória da legislação ambiental brasileira e as pressões internacionais sobre a "floresta densa" que ainda mantemos na região amazônica. Ambas restringem a expansão da fronteira agrícola brasileira e impõem sobre os produtores a necessidade de obter ainda maior aprofundamento da produtividade que comanda suas atividades. Esse tensionamento, por certo, imporá disputas inéditas entre os setores produtivos do mundo rural e diversos outros atores sociais e políticos, no Brasil e internacionalmente.

Como se nota, são dimensões novas da questão agrária e, no geral, sua resolução não está mais situada nas regiões rurais, mas em outros espaços de decisão política, quase todos urbanos. O tempo dirá se essa previsão alcança uma boa probabilidade de ser verdadeira e também se a sociedade brasileira terá interesse em se defrontar com tais vetores novos, os quais começam a ser determinantes dos temas mais candentes que agem no mundo rural do país.

Parte 2
A reforma agrária e as lutas sociais pela terra

O MODERNO DILEMA DA REFORMA AGRÁRIA

Xico Graziano

I. Qual reforma agrária?[1]

A grande maioria da população defende a reforma agrária. Há, na mídia, um forte sentimento favorável aos sem-terra, todos a favor de maior justiça social no campo. Felizmente. Agora, quando se pergunta qual reforma agrária estamos defendendo, ninguém sabe ao certo a resposta. Afinal, sobre o que estamos falando?

O problema é descobrir o que significa fazer reforma agrária no mundo em que vivemos: qual a experiência de se fazer reforma agrária pela via democrática num mundo globalizado e tecnologicamente avançado como o atual? Mais ainda: o que significa reforma agrária hoje? As respostas não são fáceis. Inexistem experiências recentes nesse sentido.

Esse é um grande dilema. A maioria das reformas nas estruturas agrárias mundiais ocorreu em períodos revolucionários, de transformação radical das sociedades. Em geral, essas reformas precederam ou acompanharam a industrialização das economias respectivas. Como na França, há mais de duzentos anos. Ou no México, com Zapata. Ou no Japão após a Segunda Guerra. Na Cuba de Fidel.

---
1 Publicado em *O Estado de S. Paulo* (5/11/1997).

Se no Brasil a reforma agrária tivesse sido feita no passado, se a terra tivesse sido distribuída, sem dúvida a nação seria mais democrática. E mais justa. Mas o fato concreto é que isso não aconteceu naquela época. Pior, não existe fórmula para fazê-la agora! Aplicar a receita antiga, distribuindo um pequeno pedaço de terra para o trabalhador e, em seguida, proporcionar ajuda ao felizardo, não é mais garantia de sucesso.

Primeiro, porque a economia é agora extremamente competitiva. O mercado seleciona produto, determina tipos, impõe qualidade, tudo muito diferente de outrora, quando se produziam feijão e abóbora e se vendia na feira. Antes, bastava uma enxada e muito suor para se progredir. Mas sem capital e tecnologia nada adianta.

Segundo, porque os latifúndios se modernizaram e, ademais, o grosso da população reside nas cidades. O desenvolvimento brasileiro não pode ser visto mais do âmbito restrito da agricultura. É preciso garantir o abastecimento de massas urbanas e os fornecimentos de matérias-primas para o *agrobusiness*.

Muitos dizem, baseados em exemplos históricos, que nossas mazelas sociais se devem à não realização da reforma agrária. Pode ser. Mas não resolve culpar o passado. A história não anda para trás. Por isso, não basta tagarelar sobre os exemplos históricos. É preciso construir um modelo novo, próprio para o mundo atual.

Esse modelo moderno de reforma agrária terá de ultrapassar os limites do distributivismo agrário, inventado na Revolução Francesa, quando os camponeses tomaram as terras dos nobres. Não basta desapropriar os latifúndios e destinar suas terras aos trabalhadores rurais. Essa é uma luta contra os resquícios do passado. Um impositivo legal, além de moral. Mas, embora possa satisfazer algumas lideranças agrárias, esse mecanismo clássico pouca influência terá na luta contra a miséria no campo.

Mais importante que isso, a defesa dos pequenos agricultores familiares – que são trabalhadores "com-terra" –, ao lado das políticas sociais de amparo ao trabalhador assalariado no campo, impõe-se na reforma agrária dos anos 1990. O trabalhador rural pode muito bem continuar "sem-terra" e ser um cidadão pleno, desde que se lhe assegure trabalho digno, educação, habitação, comida. Errado não está em ser "sem-terra". Inaceitável é a pobreza.

Cuidar do operário rural significa reconhecer que um pedaço de terra não é o único passaporte dos trabalhadores rumo à cidadania. Por isso, em todo o *agrobusiness*, as políticas de emprego são decisivas. Apenas em São Paulo, perto de 200 mil trabalhadores são empregados somente pelas culturas da cana e da laranja, representando quase 60% do emprego paulista rural.

São operários igualmente "sem-terra" que permanecerão assim, trabalhando para viver. Como os da cidade. Quanto aos pequenos agricultores, contam-se aos montes, talvez 4,5 milhões de famílias, que vivem da exploração da terra há décadas, como proprietários ou não, mas estão longe de conseguir viver condignamente dessa atividade. Distantes dos mecanismos de crédito rural e das demais políticas oficiais, voltadas para a agricultura, esses pequenos produtores estão sendo vilipendiados pela expansão do capitalismo no campo. E estão perdendo suas terras, mudando-se para a periferia das grandes cidades.

Ora, em vez de assistir a essa espécie de crônica da morte anunciada, esperando que o mercado resolva (mal) o dilema dos pequenos agricultores, é necessário fortalecer essa pequena produção, como alternativa de sobrevivência para uma população que não tem melhor futuro que permanecer na terra. Para que a defesa dos pequenos no campo não seja, porém, um engodo, ela precisa significar uma luta para acabar com o "campesinato" atrasado, eliminando a pobreza através da tecnificação e do alcance aos mercados. Transformar os pequenos agricultores pobres em produtores competitivos é o maior desafio da reforma agrária dos anos 1990.

Ao contrário das décadas passadas, a industrialização não mais carece de braços liberados no campo. Por isso, é necessário manter a população rural. Sem medo de ser anti-histórico, a defesa da pequena propriedade agrária é uma imposição do mundo globalizado. É mais barato manter a população rural que cuidar da pobreza urbana.

Ao lado das políticas de emprego e de fortalecimento da pequena agricultura, as políticas fiscais e tributárias são igualmente requeridas para a democratização da terra no país. O Imposto Territorial Rural (ITR), penalizando fortemente os latifúndios, forçará sua utilização produtiva – criando empregos e renda – ou os destinará ao mercado de terras.

Aliás, nunca é demais lembrar que a estabilização da economia acabou com a especulação da terra no Brasil. O preço da terra caiu mais de 50% com o fim da inflação. Esse fato, junto com a crise de inadimplência que afeta o setor, jogou no mercado um estoque fabuloso de terras, colocadas à venda por preços irrisórios.

O Plano Real pode estar ocasionando a mais silenciosa reforma agrária da história do capitalismo pelo mercado. Importa é democratizar a terra e modernizar o campo, fazendo uma reforma agrária da produção, criando empregos e renda. Pelo processo democrático. São vários os caminhos para a reforma agrária brasileira. Mas há um que leva ao abismo: aquele que considera as florestas nativas como terras improdutivas. Mata não pode ser sinônimo de latifúndio. A biodiversidade é patrimônio da humanidade e não pode sucumbir ao distributivismo agrário. Não no limiar do novo milênio.

II. A fábrica de sem-terra[2]

Quantos somam os trabalhadores "sem-terra"? Segundo o MST, que se arvora defensor da classe, existiriam 4,5 milhões de famílias ávidas por terra no Brasil. Será esse o tamanho da reforma agrária? A conta já foi maior. Os elaboradores do Plano Nacional de Reforma Agrária (PNRA), de 1985, calcularam entre 6 e 7 milhões de famílias os beneficiários potenciais da reforma agrária. Uma tarefa gigantesca, para vários governos realizarem. Uma verdadeira revolução no campo.

Quem são, afinal, os "sem-terra"? Há 50 anos, quando os programas de reforma agrária começaram a tomar vulto na América Latina, o foco da ação pública residia nos chamados "camponeses". Os países

---

2 Publicado em *O Estado de S. Paulo* (7/1/2003).

iniciaram seu processo de industrialização, provocando êxodo rural pela força de atração das cidades. Os "retirantes" fugiam da fome procurando emprego no Sudeste, principalmente em São Paulo. Um deles, Lula, tornou-se presidente da República.

Em 1963 o populismo promulgou o Estatuto do Trabalhador Rural e, ao tentar proteger o trabalhador, acabou por incitar sua expulsão das fazendas. Na sequência, o modelo econômico implementado depois de 1964 provocou, pelo crédito rural subsidiado, uma forte modernização da agropecuária. Expandiram-se a tratorização e a colheita mecânica de grãos. Logo depois vieram os herbicidas. O trabalho minguava e se especializava.

O núcleo da questão agrária se deslocou do Nordeste para os "boias-frias" do Sul-Sudeste. O capitalismo se expandia no campo gerando miséria e exclusão social. E a economia política se misturou com a ética: morar na cidade e trabalhar no campo passou a ser considerado errado!

Camponeses, retirantes, boias-frias e, finalmente, trabalhadores "sem-terra". Esta é denominação recente, cuja imagem advém do movimento de milhares de famílias gaúchas despejadas da Fazenda Anoni, no Rio Grande do Sul (RS), duas décadas atrás. Acampados na Encruzilhada Natalino, exigindo terra para trabalhar, assim surgiu o MST.

Em várias regiões do país, grupos de trabalhadores rurais, que perderam o emprego ou a terra que exploravam em parceria, se organizaram e passaram a reivindicar terra. Durante os anos 1980 e 1990 essa mobilização garantiu ao MST a posição de maior sucesso político da organização social do país. Sua atuação frutificou em milhares de assentamentos rurais.

No início do governo Fernando Henrique Cardoso, 40 mil famílias estavam acampadas à beira de estradas. Configurava uma situação degradante, que exigia rápida intervenção governamental. Ao final de seu governo, cerca de 500 mil famílias haviam sido assentadas em programas redistributivos. Quanto mais se assentava, porém, novos "sem-terras" apareciam. Continua assim até hoje. Parece rosca sem-fim.

Qual será o final desse processo? É possível, hoje, se determinar o tamanho da reforma agrária? A análise do Censo Agropecuário de 1995 mostra quase 18 milhões de pessoas ocupadas nos 4,8 milhões de estabelecimentos rurais. A grande maioria é formada pelos produtores rurais e membros não remunerados da família, incluídos quase 2,5 milhões menores de 14 anos.

São 4,2 milhões de agricultores que formam o grande contingente da agricultura familiar brasileira, sitiantes pequenos e médios, minifundistas, parceiros e agregados. Todos são trabalhadores "com--terra". Reforma agrária, para eles, tem outro sentido. Significa preços justos, moradia boa, assistência técnica, crédito, educação e saúde. Respeito e cidadania.

Os assalariados representam um total de 3,6 milhões de trabalhadores. Metade deles são temporários (boias-frias), outra metade permanentes (residentes no estabelecimento). Estes, por certo, são "sem-terra". Considerá-los, entretanto, todos pretendentes da reforma agrária é temerário. Primeiro, porque a aspiração dos operários rurais, à semelhança dos urbanos, pode não ser terra, mas sim trabalho decente e salário justo. Segundo, porque imaginar que todos os assalariados rurais devessem ser assentados significaria eliminar a agricultura empresarial. A fome grassaria nas metrópoles.

O Censo Agropecuário 1995 indica ainda a existência de 710 mil ocupantes, 70% deles no Nordeste, gente que produz em terras de outrem. Mereceriam, talvez, ser donos de seu domínio. Ao invés de serem deslocados para assentamentos alhures, querem escritura da terra. Isso se chama regularização fundiária.

O detalhamento desse raciocínio permite concluir que inexiste uma fórmula mágica para calcular a quantidade de trabalhadores "sem-terra" a serem assentados pela reforma agrária. Esse número é essencialmente político. Ainda mais, com o desemprego urbano, está sendo fácil fabricar "sem-terra": basta arregimentá-los nas periferias com um aceno de boa-venturança.

Em contraposição, apenas no estado de São Paulo há 120 mil moradias desocupadas na zona rural, abandonadas. Em muitas regiões agrícolas, há falta de braços para as colheitas. Essa realidade não se coaduna com a ideia, favorecida pela mídia, de que hordas de miseráveis perambulam pelos campos. Mesmo as marchas promovidas pelo MST, nos últimos anos, constituem-se de agricultores assentados, que exigem crédito e assistência técnica. Fingem ser "sem-terra" para abocanhar benefícios que milhões de agricultores tradicionais nunca tiveram.

Aqui está a reforma agrária do futuro. Manter produzindo e melhorar as condições de vida de milhões de trabalhadores "com--terra", sejam os novos assentados, sejam os milhões que já produzem desde a época de seus bisavós. O problema do campo não está, decididamente, nos "sem-terra", mas na garantia da produção, do emprego e da renda dos pequenos agricultores.

III. Enigma agrário[3]

A cada abril "vermelho" promovido pelo MST, conhece-se bem o roteiro da confusão, buscando chamar atenção da mídia. Anda incerto, porém, o propósito atual das estripulias no campo. O que pretende, afinal, o MST? Resposta óbvia: a reforma agrária. Sabe-se que o famoso movimento surgiu, há 25 anos, na luta contra o latifúndio.

Historicamente a distribuição de terras se preconizava como caminho para o moderno desenvolvimento latino-americano. O Estatuto da Terra chega em 1964. Reprimido pelo regime militar, pouco solucionou o problema. Quando, em 1985, sucedendo o autoritarismo, se instala a chamada Nova República, enormes expectativas se criam no país, cheio de vontade para redimir seu injusto passado. Um milhão de assentamentos rurais, no prazo de quatro anos, acaba prometido ao povo. Agora vai, pensaram os reformistas da esquerda.

Findo o governo Sarney, apenas 82.260 famílias foram beneficiadas pela reforma agrária. Uma frustração tomou conta da sociedade. Havia restrições legais. A nova Constituição, promulgada em 1988, exigia leis complementares que tardaram para

---

3 Publicado em *O Estado de S. Paulo* (20/4/2010).

regulamentar o processo de redistribuição fundiária. Collor não ligou para o assunto. Itamar tentou, mas pouco conseguiu avançar.

Fernando Henrique assumiu o governo, em 1995, com um enorme passivo agrário a enfrentar. Barracos de lona preta indicavam dezenas de acampamentos às margens das rodovias, na beirada de fazendas marcadas pela encrenca. Gente excluída da modernização agrícola se acotovelava gritando pela terra prometida. Reforma agrária já.

Nessa época, o MST começava a se firmar no cenário das lutas agrárias, rivalizando com a tradicional, e poderosa, Confederação Nacional dos Trabalhadores na Agricultura (Contag). Dominada historicamente pelos comunistas, a Contag envelhecera seus métodos de atuação política, acusada de peleguismo. Surgiram assim, pelas mãos da moçada gaúcha do MST, as violentas invasões de terras. O bicho pegou.

Invadir propriedades rurais – ou ocupar latifúndios, conforme dissimuladamente se denominava a arbitrariedade – chamava a atenção contra a lerdeza do processo de redistribuição fundiária, empurrando a agenda governamental para a frente. Por isso, recebia o apoio da sociedade. A mídia adorava.

Passaram-se os anos. E, surpresa, ao contrário do que pensa o senso comum, o Brasil realizou a maior reforma agrária do mundo. Relatório do Incra (2010) aponta a existência de 8.562 projetos implantados, com 906.878 famílias assentadas. Somados os mais recentes, pode-se dizer que 1 milhão de famílias recebeu terras, somando 80 milhões de hectares distribuídos. Para comparação, a área total cultivada no país atinge 67 milhões de hectares. Pasmem.

Ora, se a distribuição foi tamanha, por que não se acalmam os sem-terras? O argumento histórico, percebam, sobre a lerdeza do governo no processo da reforma agrária, não cabe mais. Algo distinto move o MST. Destrinchar esse enigma faz bem ao debate nacional.

A turma do MST afirma que ainda falta muita gente para ganhar seu quinhão. Pode ser. Mas essa hipótese considera incluir os desempregados da cidade, não propriamente os tradicionais sem terra, aqueles excluídos no campo. Fabricar sem-terras nas periferias urbanas infla a conta, mas não garante sucesso. Pelo contrário. Parte do fracasso dos assentamentos rurais se deve exatamente à falta de aptidão para a lide rural.

Outra linha de raciocínio centra fogo no agronegócio. Antigamente era o latifúndio culpado pelo mal. Sua existência caracterizava o velho feudalismo a ser varrido do mapa. Agora, porém, modernizadas as relações de produção, criou-se nova dicotomia, aquela que opõe a agricultura familiar ao negócio rural capitalista. Os ideólogos do MST abriram um fosso entre a via campesina e a agricultura empresarial. Tremenda bobagem.

Celso Ming escreveu em sua coluna no *Estado*, dias atrás, que o MST carrega a bandeira do atraso, invocando, muito apropriadamente, o conceito das utopias regressivas. No popular, lembra o apelo bucólico do passado, aquela reminiscência gostosa, bem brasileira, da época em que o bolo de fubá se fazia com ovo caipira colhido no quintal, perto da horta caseira. Um passeio a cavalo, um fogão a lenha na cabana da montanha. Quem não gosta?

No fundo, ao defender a agricultura familiar e atacar o agronegócio, valoriza-se a pobreza rural. Utopia faz bem, perfuma a vida. Mas cultivar a existência miserável abre caminho para a subserviência humana. Fazer reforma agrária só tem sentido se, economicamente, resultar em progresso material, em melhoria de qualidade de vida dos beneficiados. O MST, ao recusar a tecnologia e a integração produtiva, características básicas da moderna agricultura, condena o assentado à eterna dependência.

Difícil entender as razões do MST. Possivelmente, ainda mais em anos eleitorais como este, a motivação se encontra na política. No período de Fernando Henrique, lembram-se, o MST dizia combater o neoliberalismo. Uma chatice. Entrou o Lula, roupagem dúbia adornou a tagarelice do Stedile, bem no estilo oficial do bate-e-assopra, uma invasão aqui, um convênio ali. Beira a picaretagem.

Aproximando-se o pleito presidencial, divulga o ignóbil líder do MST que a eleição do Serra seria o "pior dos mundos". Depreende-se, portanto, que suas ações avermelhadas servem à candidatura oficial. Para divulgá-la invadem fazendas produtivas, destroem laranjais, queimam viveiros, roubam gado, fazem justiça com as próprias mãos. Resultado: estimulam a violência no campo. Sorte da Dilma?

Azar da democracia. Ninguém aguenta mais as invasões de terras.

IV. Cabo antigo[4]

Foices e facões se erguem na contumaz grita do MST e seus congêneres. Gente sofrida, rostos irados, os intrépidos invasores de terras afrontam a lei e rompem a ordem. Progressistas ou retrógrados?

As imagens do presente lembram o filme do passado. Na Revolução Francesa, em 1789, os sofridos camponeses enfrentaram, simultaneamente, os senhores feudais e o clero. Afinal a Igreja, grande detentora das terras da Europa Ocidental, abençoava a corveia e, em troca do dízimo, dava proteção espiritual ao feudalismo. Em Paris, a revolta dos *sans-culottes* derruba a Bastilha, inaugurando a Idade Contemporânea. Fim da servidão.

Triunfam as ideias iluministas. Novos filósofos acuam a superstição medieval, atacando os ditames absolutos da religião. O povo e a nascente burguesia procuram seu espaço na História. A ciência ainda engatinha, lançando luzes na escuridão. Chega o Renascimento.

Hoje, tudo parece claro. Mas foi longa a travessia da razão. Desde quando o físico Galileu Galilei, em 1633, acabou denunciado, por heresia, à Santa Inquisição, o obscurantismo paulatinamente recuou. Apenas no século XIX, todavia, restava vencido. Mesmo assim, seu negro espectro, alimentado pela ignorância, ronda escondido por aí.

Pense na reforma agrária. Desde a Grécia antiga se relatam as lutas no campo. Esparta, oligárquica, ao derrotar Atenas, progressista, cria obstáculos à democracia rural. Mais tarde, no Império Romano, Caio Graco impulsiona, não sem oposição, o direito agrário, garantindo o acesso à terra para a plebe.

No mundo moderno, em 1910, Emiliano Zapata e Pancho Villa levantam as massas camponesas do México e os revolucionários de

---

4 Publicado em *O Estado de S. Paulo* (8/4/2008).

seus exércitos tomam as terras no fuzil. O país vive enorme confusão social. A regularização fundiária vem somente em 1934, com o presidente Cárdenas, que cria os *ejidos*, forma comunitária de trabalho rural, baseada na cultura indígena.

Em 1917 ocorre a revolução russa, inaugurando o regime comunista no mundo. A agricultura é socializada na marra, surgindo os *kolcoses*. Passa o tempo. Fidel Castro toma o poder em Cuba, em 1959. O socialismo, pela primeira vez, bate nas portas da América. Toda propriedade rural acima de 420 hectares é nacionalizada. O Partido Comunista passa a comandar a agricultura.

Pela via democrática, Salvador Allende vence as eleições presidenciais no Chile, em 1970. Radicaliza seu governo e rompe com a coalizão política que o sustenta, decretando massiva reforma agrária. Em três anos, 47% das terras cultiváveis são redistribuídas em pequenos lotes. Apimenta a receita da Bolívia e do Peru, onde chefes militares decretaram a repartição da terra. O latifúndio vira minifúndio.

A luta pela reforma agrária quase sempre esteve associada à ideia do socialismo, utópico ou real. E nunca ocorreu tranquilamente. Momentos de ruptura causam, é óbvio, traumas. No México revolucionário, dizem ter morrido 600 mil pessoas. Na Rússia, a coletivização forçada causou 6 milhões de mortes. Allende tombou morto. Manteve a sina de Zapata, também assassinado. Como Robespierre, guilhotinado.

Na história latino-americana, especialmente no Brasil, por longo tempo cultivaram-se, na esquerda, duas unanimidades: todos contra o imperialismo norte-americano e o latifúndio. Neles residiam os grandes males do subdesenvolvimento. A redistribuição fundiária, nesse sentido, seria imprescindível ao progresso. Justiça social dentro do capitalismo.

Passaram-se quatro décadas. O socialismo acordou do sonho, ou pesadelo. A globalização da economia fez esquecer o imperialismo, e o latifúndio se transformou em grande empresa rural. Com o êxodo, o Brasil se urbaniza forte e rapidamente. Vem a modernização tecnológica, abre-se o Cerrado. A agricultura nacional empareda as nações ricas.

Muda o mundo. A reforma agrária perde sentido econômico. Mas permanece a desigualdade social, amargo fruto da história nascida nas capitanias hereditárias. Como democratizar a terra? Desse dilema vive o MST. Nascido na época da utopia socialista, quando os revolucionários encantaram a juventude, a organização teima em desafiar o estado democrático de direito. Rejeita o poder republicano. Despreza as instituições. Toma a força em suas mãos, afronta a liberdade individual. Rema contra a maré.

Campos de pesquisa agronômica foram destruídos pelas mulheres da Via Campesina. Primeiro no Rio Grande do Sul, depois no Paraná, seguido por São Paulo. Nas plantas transgênicas, tanto quanto na pesquisa com células-tronco, a biotecnologia tromba com a intolerância. A resistência ao avanço científico carrega o semblante do atraso. A história da ciência comprova que torto nunca está o conhecimento, mas sim sua apropriação social.

Nas mãos erguidas os sem-terra denunciam seu obscurantismo violento. Ora, não se usam mais foices no campo. Junto com a enxada, tais instrumentos de trabalho pertencem ao passado. Na Europa ou na Rússia, a foice, de cabo curto, ceifava o trigo. No Brasil, com longo cabo, roçava a pastagem para o gado. Estas, em lugares ermos e pedregosos, ainda valem nas empreitadas. No mais, as aposentou a tecnologia mecânica.

Pode conferir. São novas as foices erguidas pelos invasores de terras. Quem as brande, pouco as utiliza. Qual época da Revolução Francesa, a lâmina afiada se transforma em arma, lá mortal, aqui intimidatória. Causam medo as estripulias desse movimento, crescentemente mascarado. Quem cobre o rosto esconde maldade.

Invadir fazendas, em bandos, tem a marca do antigo. Na cidade, a foice e o facão do MST configurariam crime contra a ordem pública. Na roça, assustam a polícia. E ganham notoriedade.

V. Nostalgia agrária[5]

Uma inusitada briga entre assentados, com 14 feridos, barracos destruídos e carros incendiados, mostra os descaminhos da questão agrária brasileira. Aconteceu em Araraquara, interior de São Paulo, no último domingo do ano passado.

O assentamento Bela Vista, palco da triste querela, vem dos anos 1980, implantado pelo Incra em antiga fazenda de usineiros falidos. Terra extensa e boa, infraestrutura e benfeitorias à vontade, o projeto de reforma agrária, embora caro, nasceu para dar certo.

Mesmo assim, capengou durante anos. Tornou-se palco de constantes disputas entre grupos rivais, ligados às organizações políticas que dizem cuidar dos sem-terra. Nada novo. Diferente, mesmo, era a vontade dos assentados em plantarem cana-de-açúcar, para vender ali perto. Qual o problema?

Ocorre que, no velho paradigma ideológico que domina a questão agrária, é um verdadeiro sacrilégio ver assentado produzindo gêneros "de exportação". Isso é comércio de fazendeiro rico. Obrigação de pobre é plantar alimento básico, para matar a fome do povo.

Parece mentira, mas é verdade. A regulamentação da atividade produtiva nos assentamentos de reforma agrária do país proíbe, em certo sentido, o sem-terra de progredir. As normativas técnicas restringem a agricultura comercial, impedindo a especialização do trabalho. Sem-terra não pode gostar de agronegócio.

Vem das origens essa esdrúxula deformação conceitual. O processo da reforma agrária foi concebido, há cinquenta anos, como uma forma de quebrar a hegemonia do latifúndio, seja açucareiro, cafeeiro ou cacaueiro. A esquerda, dominada então pelos comunistas, criticava o "modelo exportador" da economia, defendendo o desenvolvimento "nacional".

Nesse contexto, a divisão da terra deveria servir ao mercado interno, tese que ganhava simpatia entre os trabalhadores urbanos.

---

5 Publicado em *O Estado de S. Paulo* (15/1/2008).

A revolução socialista se faria com a aliança operário-camponesa. Puro sonho.

Mais tarde, a birra, agora já comandada pelos neorrevolucionários do MST, avançou contra as grandes fazendas de pecuária. E depois contra as plantações de soja. A ideia básica permaneceu a mesma: assentado que se preze deve produzir a subsistência, roça diversificada, um pouco de tudo, arroz com feijão, milho para a galinha caipira, uma hortinha, o porco na lavagem, leite na teta da vaca... Nostalgia rural.

Escudando-se nessa tese, as autoridades do Incra deram a ordem de despejo para 12 famílias, entre os 176 assentados em Araraquara. Desobedientes, elas haviam se especializado na produção de cana-de-açúcar. Pelas recomendações oficiais, apenas metade da terra, no máximo, poderia receber o doce plantio do açúcar.

A situação não é específica do conflituoso assentamento Bela Vista. Vários outros projetos de reforma agrária apresentam casos semelhantes. O problema nem é restrito às áreas de reforma agrária. O plantio de cana-de-açúcar oferece boa rentabilidade e atrai os pequenos agricultores em geral. Afinal, embora modestos, eles também desejam ganhar dinheiro, trocar de carro, estudar os filhos. Enfim, progredir na vida.

Pense bem. Qual o objetivo último da reforma agrária? Tornar, simplesmente, o sem-terra um agricultor, para que padeça as agruras da terra ou, mais além, garantir-lhe condições dignas de existência? Ora, na economia de mercado, importa a renda, não a terra. Impedir o assentado de buscar rentabilidade, atrás da cana-de-açúcar ou qualquer outra atividade, é defender o atraso.

Quem comunga esse pensamento obscurantista, que obriga a reforma agrária a cuidar da subsistência básica, deveria ele próprio pegar na enxada e plantar um palmo de roça. Arregaçar a camisa e cultivar no sol. Os urbanoides, a começar certas lideranças políticas dos sem-terra, formulam regras sem conhecimento realista, nem prático, do assunto.

No passado, época do Brasil rural, as fazendas e sítios eram autossuficientes. Produzia-se o gostoso "pão nosso de cada dia". A economia monetária estava incipiente. Mas, aos poucos, tudo mudou. As pessoas se mudaram para a cidade, e a roça de subsistência acabou trocada pela gôndola do supermercado. Agricultor nenhum planta mais arroz e feijão para comer, prefere comprar. Chega melhor, e mais barato, no almoço.

Com a modernização da agropecuária, seguindo a tendência da economia geral, forçou-se a especialização do trabalho. E, sabidamente, a escala de produção interfere nos custos. Dessa forma, manter uma roça de subsistência, para aliviar o orçamento doméstico, funciona quando existir trabalho ocioso na propriedade rural. Fora disso, não faz sentido.

Proibir que os assentados de reforma agrária dediquem-se àquilo que mais dá dinheiro, obrigando-os a produzir alimentos básicos, representa um grande equívoco, burrice das grossas. Pior, condena o (ex-)sem-terra à vida miserável, um autoritarismo disfarçado.

O projeto de assentamento da Bela Vista já tem vinte anos. Mas os novos agricultores continuam subordinados. Nunca se pensou em emancipar-lhes, oferecendo-lhes os devidos títulos de propriedade. A reforma agrária brasileira continua via única de entrada, sem saída. Sem-terra se eternizam. Nunca se livram do mando, seja do governo, seja das organizações que os manipulam eternamente.

Aqui está o xis da questão. O problema não reside na plantação da cana-de-açúcar, mas sim no cultivo da dependência humana.

VI. Cinismo agrário[6]

Coberta por Mata Atlântica, a Fazenda Vitória, situada no Paraná, sofreu uma triste derrota. Seu precioso cerne florestal sucumbiu à impiedosa motosserra. Caça predatória aniquilou sua fauna. Tudo em nome da reforma agrária. Quanta insensatez.

Encravada na Serra do Mar, a área de 7.767 hectares pertence ao município paulista de Apiaí, ali próximo da divisa com o Paraná.

---

6 Publicado em *O Estado de S. Paulo* (3/7/2007).

Desapropriada em março de 2005, o projeto de assentamento prevê beneficiar 43 famílias de sem-terra. Pouca gente.

Ocorre que apenas 11% da propriedade poderia ser aproveitado no assentamento rural, cada lote com 20 hectares. O restante da área, intocável pela legislação, se compõe da reserva legal (23%), da área de preservação permanente (15%) e de floresta originária (48%). Monta 3% a área inaproveitável.

A aquisição do imóvel custou R$ 8,18 milhões aos cofres públicos. Excelente negócio para o ABN-AMRO Bank, que recebeu a terra ao incorporar o patrimônio da América do Sul. Micada, a fazenda acabou valorizada depois da invasão. O valor da aquisição, dividindo pelas famílias beneficiadas, resulta em R$ 190 mil cada parcela.

Isso apenas o preço da terra. Depois, concretizado o assentamento, somando-se os custos de implantação e os subsídios para exploração, não sairá por menos de R$ 220 mil cada família. Caríssimo. E incerto. Acontece que a legislação obriga, aos assentamentos, obterem licenciamento ambiental para serem efetivados.

A Fazenda Vitória faz divisa com o Parque Estadual Turístico do Alto Ribeira (Petar) compondo, junto com demais unidades de conservação, o chamado Continuum Ecológico de Paranapiacaba. Trata-se, talvez, do maior refúgio florestal preservado da Mata Atlântica, habitat para inúmeras espécies da fauna ameaçadas de extinção, como o monocarvoeiro.

Por essa razão, o órgão ambiental paulista já desaconselhou, em 2006, o projeto de exploração pretendido pelo Incra. Segundo o Departamento Estadual de Proteção de Recursos Naturais (DEPRN), o assentamento poderia representar um verdadeiro desastre ambiental. Nada adiantou. O Incra insiste e garante que instalará naquela maravilha um "projeto de desenvolvimento sustentável". Reforma agrária ecológica. Alguém acredita?

O Instituto do Homem e do Meio Ambiente da Amazônia (Imazom), referência internacional entre as ONGs ambientalistas, mostra que os agricultores assentados pelo Incra, no Norte, foram responsáveis pela devastação de 106 mil quilômetros quadrados de mata nas últimas três décadas. As preocupações do Imazon são compartilhadas pela conhecida World Wildlife Foundation (WWF).

Durante a realização do 5º Congresso Brasileiro de Unidades de Conservação, realizado recentemente em Foz de Iguaçu, o impacto ambiental da reforma agrária provocou intenso debate. Estudo apresentado pelo ecologista Fábio Olmos indica que a taxa de desmatamento promovida por assentamentos rurais é quatro vezes superior à média da região amazônica. Conclusão: não há floresta nativa que resista aos sem-terra.

O problema não está restrito à Hileia. No Paraná, a antiga Fazenda Araupel, com 33 mil hectares de Mata Atlântica, repleta de centenárias araucárias, está agonizando nas mãos do MST. Em dezoito anos de história, foi o maior desmatamento identificado pelo SOS Mata Atlântica. Culpa do Incra.

Na área de proteção ambiental de Guaraqueçaba, litoral paranaense, desde 2003 um grupo de invasores exige as terras, segundo eles, abandonadas. Até a (então) ministra Marina Silva, sempre tão quieta com temor do patrulhamento petista, se manifestou contrária ao projeto de assentamento. Os sem-terra, todavia, não desistem. Dizem que, entremeado ao mosaico protegido da região lagunar-estuarina, vão instalar um projeto agroecológico. Será crível?

Ora, a visão ecológica dos invasores de terra está próxima de zero. Nem poderia ser diferente. Com a fábrica de sem-terras montada no país pelo MST e congêneres, os pretendentes da reforma agrária compõem-se de pessoas excluídas da sociedade, desqualificadas no mercado de trabalho, desajustados urbanos. No velho marxismo, a eles se denominam lumpenproletariado, incapazes de obter consciência revolucionária. Imagine entender o aquecimento global.

Incautos se perdoam. Os líderes, todavia, são lúcidos, politizados. Arquitetam muito bem seus atos. Misturam o sonho da revolução socialista com uma espécie de fundamentalismo à moda fascista. Assim cresceram, alimentando-se da subserviência dos miseráveis. Agora temperam seu discurso com pitadas de ecologia. Buscam, inteligentemente, antenar-se, na palavra, com o reclamo atual da opinião pública.

Está lá, na carta do 5º Congresso Nacional do MST, realizado nesses dias em Brasília: "Lutar contra as derrubadas e queimadas de florestas nativas para expansão do latifúndio. Exigir dos governos ações contundentes (sic) para coibir práticas criminosas ao meio ambiente". Cinismo puro.

Os projetos de desenvolvimento sustentável do Incra são meros disfarces. Lobo vestido de cordeiro. Basta visitar a Fazenda Vitória, em Apiaí, e verificar o estrago que o acampamento de sem-terra provoca na Mata Atlântica. "Ações falam mais alto que palavras", afirmava Abraham Lincoln.

Antas e macacos que se cuidem: naquela mata fechada não existe bala perdida. A mira é mesmo sua tenra carne, cozido de bandidos da floresta, temperado pela desgraça social do país. Coitada da natureza. Pobre reforma agrária.

VII. O conceito de latifúndio[7]

Há uma unanimidade no debate da questão agrária brasileira: a condenação ao latifúndio. Você já viu alguém defendê-lo? Certamente, não. Todo mundo é contra o latifúndio. Ainda bem! A coincidência termina, porém, quando se avança na discussão: onde está o latifúndio?

Originário do latim, significando os grandes domínios privados da aristocracia romana, o conceito de latifúndio vincula-se à ideia da imensidão, da monocultura, do subdesenvolvimento. Autores famosos, como Alberto Passos Guimarães, Caio Prado Júnior Celso Furtado, descrevem à farta as mazelas do sistema latifundiário-exportador, instalado com o ciclo do açúcar, no Nordeste.

Além do caráter exportador, monocultor e extrativista, nas relações sociais de produção se caracterizava o latifúndio. A mão de obra escrava foi sua marca indelével, capitaneada pelos senhores de engenho. Relações pessoais autoritárias conformavam um sistema de poder servil, à moda feudal.

---

7 Publicado em *O Estado de S. Paulo* (15/4/2003).

Na legislação agrária, apenas em 1964, com a promulgação do Estatuto da Terra, se estabeleceram os marcos jurídicos do latifúndio. Tomando o módulo rural como tamanho ideal da propriedade familiar, denominou-se latifúndio "por dimensão" o imóvel rural com área acima de 600 módulos. Menor que isso, desde que não fosse minifúndio, classificava-se o imóvel como empresa rural, se produtivo, ou latifúndio "por exploração", se improdutivo.

Havia, portanto, dois tipos de latifúndio: um dado pelo tamanho excessivo e o outro, pela baixa exploração da terra. Essa é a razão que permitia a existência de "pequenos latifúndios" no país, uma contradição nos termos. Em 1984, as estatísticas do Incra mostravam que 70% da área total cadastrada pertencia aos latifúndios. Desses, porém, 90% não ultrapassavam 500 hectares e 58% eram menores que 100 hectares. Um paradoxo!

Com a nova Constituição, em 1988, a legislação complementar alterou a antiga denominação do latifúndio, substituindo-a pelo conceito de "grande propriedade improdutiva". Hoje, pela lei n.8.629/93, a grande propriedade precisa ter mais de 15 módulos. Dependendo de análise técnica, pode ser caracterizada como produtiva ou improdutiva.

Associando a História com o Direito, percebe-se que não cabe ao latifúndio ser produtivo. Tampouco ter gerência e trabalho regulamentado. Assim colocado, fica claro que a moderna produção agropecuária não pode, em nenhuma hipótese, ser considerada latifundiária. Nem se confundem com latifúndios as grandes empresas rurais, dedicadas à produção de grãos, culturas permanentes ou gado.

O processo de modernização da agropecuária, desde meados de 1970, provocou uma reviravolta no campo. De um sistema latifundiário e oligárquico se passou a uma economia com tecnologia intensiva. Relações quase feudais de produção foram substituídas pelo profissionalismo exigido pela agronomia moderna. Capatazes cederam lugar aos gerentes. Coronéis viraram empresários.

Assim seguiu a trajetória da pecuária, que investiu em gramíneas selecionadas e trouxe as modernas raças europeias, utilizadas no cruzamento com o tradicional zebu. O Brasil, hoje, equipara-se aos grandes produtores de carne do mundo, como Nova Zelândia ou Austrália. Pastagem calcareada não é latifúndio!

Na soja, há mais tempo, no algodão, recentemente, o salto de produtividade é simplesmente admirável. Cerrados retorcidos cederam lugar a cultivos que superam os norte-americanos e argentinos. O café, tradicional lavoura da oligarquia, caminhou para terras altas e planas do Cerrado e, na Serra da Mantiqueira, investiu em qualidade. A bica-corrida vai sendo substituída pelo café gourmet!

Na cana-de-açúcar e no cacau, berços do latifúndio, bem como nos pomares de laranja, o Brasil é hoje campeão de produtividade. Há, claro, bolsões ainda atrasados. Mas a grande diferença está em que, no passado, o latifúndio era a regra. Hoje, o que impera é a produção capitalista, incluindo a familiar.

Os latifúndios modernizaram-se e se transformaram na propriedade produtiva. Podem ser grandes, porém geram renda e emprego no campo. Mais que isso, trazem divisas para pagar a conta das importações do setor industrial, sempre deficitário.

Cadê, então, o latifúndio? Pode-se comprovar que, hoje, restam três tipos de latifúndio. Primeiro, o latifúndio "ecológico", grandes propriedades cobertas por reservas florestais, principalmente na Amazônia, que somam talvez 100 milhões de hectares. Imaginá-las, porém, destinadas à reforma agrária significa confundir mata nativa com terra improdutiva. E associar essas ideias representa avalizar a devastação florestal. Pois é exatamente isso que está ocorrendo no Pará e no Mato Grosso. O temor da reforma agrária impulsiona o desmatamento.

Segundo, há também os latifúndios "cangaceiros", situados no Semiárido ou no sertão do Nordeste, região de solos áridos e secas contumazes. Somam 25 milhões de hectares onde pastam bodes e crescem cactos, onde sem irrigação não há produção possível. Pior, distam léguas dos mercados.

O terceiro é o mais alvissareiro deles: o latifúndio "fantasma". São terras griladas e cadastradas de forma espúria, que desde os anos 1960 turvam as estatísticas rurais do país. Quase 90 milhões de hectares foram, no governo passado, excluídos do cadastro de terras do Incra: não houve quem as reclamasse!

O MST quer guerra contra o latifúndio. Ótimo. Todo mundo deveria entrar nessa jornada. Mas, antes da batalha, carece delimitar o adversário. Onde está, afinal, o latifúndio? Definitivamente, ele não pode ser confundido com as grandes empresas rurais. Tampouco com as florestas virgens ou a catinga.

Sem informação atualizada, corre-se o risco de, à moda de Dom Quixote, guerrear contra fantasmas. Para os neorrevolucionários de plantão, está de bom tamanho. Para a política nacional, significará apenas mais confusão. Para nada.

VIII. Agonia da reforma agrária[8]

As invasões recentes de terras, ao contrário do que muitos pensam, prenunciam o fim da reforma agrária no Brasil. A agonia do modelo do distributivismo agrário. Esgotado um ciclo histórico, fracassado, o sem-terra virou sem-emprego. E do campo mudou para a cidade.

Quem imagina que a desilusão urbana se resolve com a reforma agrária comete um erro brutal. A prova pode ser encontrada nos assentamentos rurais cujos beneficiários se compõem de gente desempregada das periferias. No máximo, o resultado mostra que a favela mudou de lugar. A um custo exorbitante para a sociedade.

Essa fábrica de sem-terra, de fácil consecução em decorrência da falta de empregos e da miséria social, representa o fim do velho sonho da esquerda que propunha, há quase cinquenta anos, a reforma agrária como caminho do desenvolvimento nacional. Quebrar o poder do latifúndio significava arrancar para o progresso. Rural e industrial.

O sentido econômico da reforma agrária acabou sendo progressivamente substituído pela agenda social. Aí começou seu fim. O processo de modernização da agropecuária brasileira prescindiu, infelizmente, da divisão da terra. Grandes empresas rurais tomaram o lugar dos

---

8 Publicado em *O Estado de S. Paulo* (16/9/2003).

latifúndios. A industrialização e os serviços urbanos ultrapassaram as restrições da economia primário-exportadora. A nação evoluiu.

Mas o capitalismo, como não poderia deixar de ser, criou exclusão. E na era global reforçou as desigualdades sociais. Some-se a conjuntura: o fraco crescimento da economia atormenta o mercado de trabalho, condenando uma multidão ao desemprego. Sem o que fazer.

Em Ribeirão Preto, no interior paulista, 400 famílias invadiram a Fazenda da Barra, perto da Rodovia Anhanguera, com 1.540 hectares. Arrendada para o cultivo de grãos, a área estava envolvida em disputas hereditárias. Não configurava, porém, nenhum latifúndio.

Pouco importa, aqui. A questão relevante surge quando se descobre quem são aqueles "sem-terra": 90% dos acampados, entrevistados pelo Incra, se originam da periferia da própria cidade de Ribeirão Preto. Formam um contingente de desempregados ou subempregados urbanos, residentes na cidade há tempos. Entre eles, oportunistas de todo tipo, filhos de pequenos comerciantes, militantes políticos.

Essa tem sido a regra das invasões de terras promovidas pelo MST e seus congêneres. Na falta de verdadeiros sem-terra, arregimentam os excluídos da cidade para servir aos seus propósitos, duvidosos. Talvez uma hipotética revolução salvadora. Propor a reforma agrária como uma solução para a crise urbana representa irracionalidade econômica. Para não dizer demagogia barata.

Nesse caso da Fazenda da Barra, em face da proximidade com o perímetro urbano, seu custo é altíssimo, não menos de R$ 50 mil cada hectare de terra. Pelas normas do distributivismo em vigor, os assentamentos custarão, cada um, R$ 600 mil. Quem paga essa conta?

Há, efetivamente, áreas no país onde grupos de trabalhadores rurais exigem proteção do Estado. O drama maior, envolvendo cerca de 20 mil famílias, se verifica na Zona da Mata pernambucana, paralisada por causa da falência das usinas de açúcar. Na região do cacau, no sul da Bahia, a economia rural, agora se recuperando, quase acabou, dizimada pela doença da vassoura-de-bruxa. Outros exemplos, localizados, podem ser oferecidos.

No mais, facilmente se comprova a manipulação ideológica. Pobres coitados, miseráveis e desempregados, habitantes infelizes da periferia das cidades, viram sem-terra pela oferta ilusória do MST, devidamente respaldada pela chamada Igreja progressista, que parece incitar à violência e à justiça na marra.

Perigosa essa associação entre a religião e as invasões de terras. A Teologia da Libertação está correta ao bradar contra a miséria e as desigualdades sociais. Mas precisa perceber que, apoiando esse equívoco, está apenas trocando a favela de lugar. Gastando um dinheiro que poderia ser utilizado em obras sociais mais efetivas no combate à miséria.

A questão fundamental reside na qualidade dos assentamentos rurais. A realidade está indicando, à farta, que, recebendo terra e mesmo apoio técnico e financeiro, parte significativa das famílias assentadas não progride, continuando sua existência miserável, lá mesmo, na roça, ou retornando para a cidade, sua origem.

A elevada evasão, ao redor de 30% das famílias, e a deficiente produção, no nível da subsistência, comprovam a dificuldade de se transformar um pária num agricultor de sucesso. O nível de conhecimento, a complexidade da tecnologia e os mercados competitivos se mostram extremamente limitantes. Para se sair bem, hoje, na roça é preciso ser muito profissional e bom empreendedor. Que o digam os 4,1 milhões de agricultores familiares tradicionais, os trabalhadores com terra do país, que sofrem as agruras da competição há tempos.

Que ninguém duvide: é crítica a situação dos projetos de reforma agrária. A razão do fracasso se descobre nos casos de sucesso. Quando ocorrem, trazem embutido um elemento fundamental: a aptidão e a cultura rural do beneficiário. Aí está o âmago do problema. Somente quem tem história na lide agrícola poderá transpor tantas dificuldades e se tornar agricultor de verdade. Fora disso, querer utilizar a reforma agrária como solução dos dramas urbanos, nem alocando rios de dinheiro dará certo. Nunca funcionou.

Errado está o modelo, a proposta. A terra não é passaporte para a felicidade. Essa ideia, atrasada, de tornar agricultor qualquer coitado, ou aventureiro, está acabando com a reforma agrária no Brasil. As invasões são nada mais que seu canto de cisne.

IX. A balda agrária[9]

Uma ideia fixa, um verdadeiro cacoete, atrapalha o entendimento do processo da reforma agrária no Brasil: trata-se da discussão sobre o número de lotes distribuídos. Todos querem saber: qual a meta de assentamentos? Quantas famílias receberam terra? É muito ou pouco? O governo sempre diz que fez bastante. Para o MST, o passo é sempre de tartaruga.

Vem de longe essa mania na questão agrária. Há meio século já se defendia um processo maciço e amplo de distribuição de terras, capaz de eliminar por completo o latifúndio, dominante então no país. Milhões de camponeses seriam beneficiados. Nada aconteceu.

Com a redemocratização, em 1985, o primeiro Plano Nacional de Reforma Agrária (PNRA) estimava os beneficiários potenciais entre 6 e 7 milhões de famílias. A meta do governo Sarney, porém, ficou estabelecida em 1,4 milhão de famílias. Ao final do período, apenas 6% da meta acabou cumprida.

Mais tarde, no esquentar da campanha presidencial de 1994, o PT saiu na frente da ousadia, anunciando que, se vencesse, assentaria 1 milhão de famílias. O PSDB, mais modesto, ficou em 280 mil. Levou chumbo pela suposta timidez.

Findo o governo Fernando Henrique, divulgou-se que 620 mil famílias haviam recebido terras em oito anos. O feito, extraordinário, não era reconhecido pela oposição. Maquiaram os números, afirmavam, para delícia da mídia. Não chegou nem a 400 mil, jurava o MST. A Contag aceitava 500 mil. Quem dá mais?

Eleito Lula presidente, durante 2003 em segredo uma equipe formulava o segundo PNRA. De repente, ressurge a meta milionária: por menos de 1 milhão de famílias ficava pequena a reforma. O ministro Miguel Rossetto, porém, esfriou o jogo: anunciou que 400 mil famílias deveriam receber terra até 2006. Foi uma decepção na esquerda agrarista.

---

9 Publicado em *O Estado de S. Paulo* (3/2/2004).

Mas, afinal de contas, qual o sentido dessa discussão numérica? Qual é a base comparativa? Quantos são os sem-terra, hoje, no país? Francamente, ao certo, ninguém sabe responder. A conta depende da ideologia, e os números brotam de políticos.

Era fácil, no passado, calcular. O país era rural e os trabalhadores da agricultura residiam no campo. Somados todos, resultavam milhões. Terra para quem nela trabalha, dizia o jargão, simplesmente.

Hoje, urbanizada a nação e modernizado o latifúndio, na maioria das regiões brasileiras o mercado de trabalho rural está profissionalizado. A produtividade impera, substituindo braços por tecnologia. O boia-fria mora na cidade e o sem-terra mudou de ramo. Expulso do campo ou atraído pela ribalta, quer virar cidadão urbano.

Tem gente da academia que ainda faz conta à moda antiga, incluindo no contingente de sem-terra os operários rurais, esquecendo-se de que a oferta e a demanda de emprego definem os salários. Felizmente, ao contrário do que muitos imaginam, inexiste desemprego na roça. Assim, quanto mais se assentar, mais se provocará elevação dos salários, inviabilizando a própria reforma agrária. Qual sua preferência: um lote alhures ou um bom emprego aqui?

Alguns, meio romanticamente, parecem apostar no sucesso da agricultura de subsistência. Uma autêntica volta ao passado. Nesta hipótese, o caos urbano será a contrapartida da reforma agrária, pois sem excedentes de alimentos e matérias-primas não funcionam as cidades. Haveria desabastecimento.

A novidade na estimativa dos sem-terra surgiu recentemente com a arregimentação das periferias para invadir propriedades rurais. Criou-se uma espécie de "fábrica de sem-terra", alimentada a partir do desemprego urbano. Apareceu até mesmo intelectual teorizando sobre o novo ciclo pós-industrial da reforma agrária, um escape das tensões urbanas. Besteirol puro.

Os ricos gostaram da ideia: bota essa gente miserável longe daqui, que vá atrapalhar os fazendeiros lá no interior, e deixe em paz nossos negócios! E assim, vendendo ilusão aos coitados da cidade, a esquerda atrasada fez as pazes com a burguesia. Tudo em nome do social. Com a bênção da Igreja Católica.

É falsa essa polêmica sobre a quantidade dos assentamentos. Ela distrai a atenção sobre o dilema fundamental: qual o resultado concreto dos projetos? As famílias assentadas estão produzindo bem? Auferem renda? Vivem com dignidade? Em outras palavras, como vai a qualidade da reforma agrária?

Pouco importa quantas famílias foram assentadas. Há que se livrar dessa balda, que valoriza a matemática e menospreza a economia rural. Ora, a política fundiária se inicia, não acaba, com os assentamentos. Qual a relação custo-benefício dos projetos de reforma agrária? Quanto à produção, ninguém nunca avaliou. Estudos mostram que as famílias vivem mal. A baixa qualidade de vida provoca elevada evasão dos lotes. Há, sempre, exceções que confirmam a regra.

Mais importante que assentar é garantir que aquelas famílias que já estão na terra consigam produzir e viver com dignidade. Além disso, o Estado, que pensa em criar novos agricultores, precisa, antes, zelar pelos produtores que ostenta. Senão, assenta de um lado, expulsa de outro. A soma dá zero.

X. Vendeta na reforma agrária[10]

Faz tempo que o Incra mostra dificuldades para encontrar terras improdutivas para desapropriar. Por isso, mesmo contra sua vontade, não consegue implementar novos projetos de assentamento rural. Perdido, o governo experimenta de seu próprio veneno, destilado pelo MST, seu antigo aliado.

Afora a confusão, esse "abril vermelho" pode trazer uma guinada positiva na questão agrária brasileira. Para tanto basta o Incra ter a coragem de afirmar aquilo que os economistas rurais não ideológicos já sabem: terras disponíveis, hoje, somente se encontram na Amazônia ou no sertão. E considerá-las improdutivas significa afrontar a ecologia. Ou a agronomia.

---

10 Publicado em *O Estado de S. Paulo* (3/4/2004).

Nas principais regiões agropecuárias do país, as fazendas se modernizaram e incorporaram "fronteiras internas" ao processo produtivo. A expansão dos cultivos exigiu, também, a abertura de novas fronteiras, especialmente aquelas verificadas em Mato Grosso, na Bahia, no Tocantins, Piauí e Maranhão. Esse processo de expansão produtiva tem sido notoriamente documentado.

Paradoxalmente, o fim do latifúndio improdutivo virou um problema. Eternamente insatisfeito, o MST coloca a faca no pescoço do governo e exige mais assentamentos. Como escapar do dilema?

O melhor caminho seria brandir a arma da verdade. Ninguém melhor que o PT, agora no poder, para chamar os pseudorrevolucionários do MST e conversar sério. A portas fechadas, quiçá rodeados por algum bispo da Comissão Pastoral da Terra (CPT).

– "Olha", diria o ministro, "demos aqui uma analisada com calma e descobrimos que aqueles números estão ultrapassados, a realidade mudou, a safra expandiu-se, a pecuária renovou-se, o Lula está gostando, divisas entram no país, os empregos, pelo menos no campo, se expandem, por isso, calma aí, companheiro, chega de invasão, vocês estão atrapalhando o país. Entendeu, Stedile?!"

Incerto seria o resultado da conversa. Boa vontade não se deve esperar de quem é contumaz em brandir facões e foices. Além do mais, seus líderes sabem que a realidade da agricultura está diferente. Pouco importa. Eles vivem do problema, não da solução.

Quando radicalizam, seu intento real visa a acessar verbas federais, repassadas em convênios com finalidades disfarçadamente altruístas. A tática almeja fortalecer a organização para disputar espaços no poder. Que exercem de forma autoritária. Quem ainda pensa o MST como movimento social padece de santa inocência.

Complicado é o governo cair na armadilha. A movimentação dos sem-terra embute claramente uma farsa. A horda invasora, regra geral, se constitui de desempregados urbanos, facilmente manipuláveis pela fábrica de sem-terra montada na organização.

O perigo se esconde dentro do aparelho de Estado. O acirramento das invasões empurra os pseudorrevolucionários ali infiltrados, provocando um deus-dará na reforma agrária. Desgraçadamente, o governo tem abandonado critérios técnicos e normas processuais, entrando no jogo da confusão. O pior resultado surge: imóveis produtivos estão sendo desapropriados para aplacar a fúria do MST.

A Fazenda Vale dos Bois, em Goiás, é um exemplo dessa insanidade administrativa. Com 1,5 mil hectares, totalmente explorada com pecuária, alta lotação das pastagens, reserva florestal averbada à margem da escritura, coisa rara por lá, empregados com carteira assinada, sem nenhuma história de conflitos, tudo como manda o figurino. Não adiantou nada.

Motivada por uma vendeta, a fazenda entrou na roda do infortúnio. A bronca vem de uma deputada estadual chamada Magda Mofatto, ex-proprietária do imóvel, contra o atual detentor da área, seu companheiro de outrora. Por aquelas razões que nunca se descobrem nas brigas desse gênero, a mulher jurou aniquilar o homem, um advogado de bem.

A fulana mancomunou com o Incra de Goiás a desapropriação da fazenda que lhe pertencera. Juntou a fome com a vontade de comer. Tudo em nome da reforma agrária. Feito o conluio, daí para a frente uma sucessão de vistorias e laudos resultou no desfecho previamente arranjado: a fazenda está declarada improdutiva, apta para desapropriação. O MST bate à sua porta. Um absurdo total.

Somente aos *experts* é possível descobrir como se processam tais operações. Métodos caquéticos de avaliação, baseados em índices que verificam o estoque, não o fluxo da produção, facilitam a montagem desse processo kafkiano, comandado pelo delírio ideológico. Os artifícios garantem que é ocioso aquilo que esbanja produção, praticando uma avaliação às avessas. Uma triste mágica.

Como, no passado, se flagraram os fazendeiros maquiando a produtividade, emprestando gado para colocar dentro de sua cerca, agora os técnicos do Incra vistoriam a fazenda, mas nem contam o gado existente. A eles interessam tão somente documentos, provando qual o rebanho que o proprietário manteve, no ano anterior.

Se inexistirem notas fiscais ou papéis não forem encontrados, dane-se o coitado do produtor. A fazenda vira improdutiva na hora. Pela caneta.

Quem lê isso não acredita. Mas é assim que funciona. O grau de improdutividade é calculado numa máquina de somar reses e dividir pastos. A possibilidade de manipulação é enorme. Estando, como se sabe, o Incra aparelhado pelo MST, aqui, sim, está o verdadeiro bode tomando conta da horta.

A solução para o dilema agrário que se esconde nesse abril será essencialmente política. Poderia, todavia, se iniciar pelo aprimoramento dos normativos técnicos que definem a ociosidade da terra. Representaria um bom começo para banir a vendeta e excluir a falcatrua da reforma agrária.

XI. Ironia agrária[11]

Em 1964 era promulgado o Estatuto da Terra. A lei, histórica, estabelecia os parâmetros básicos para a realização da reforma agrária brasileira. O latifúndio era sua mira. Quem o promulgou foram os militares, um paradoxo. Afinal, a causa da reforma pertencia à esquerda. Lutar contra o imperialismo e o latifúndio, naquela época, era obrigação de quem se julgava progressista.

Francisco Julião, advogado carismático, organizara o movimento das Ligas Camponesas no Nordeste. Terra para quem nela trabalha. Com Jango no poder, vislumbrou-se ter chegado o momento das grandes reformas de base. A começar pela terra.

Vã ilusão. O golpe militar de março cortou o sonho. Iniciou, porém, a gestação – exatos nove meses – da nova lei agrária. No miolo da legislação, o conceito da empresa rural, em oposição ao latifúndio. Sempre se afirmou, na história da economia política do campo, que a indústria nascente no Brasil apoiava a tese da reforma agrária. Fazia sentido. Derrubar a oligarquia abriria mercado interno para bens de consumo. Na política, uma classe média rural se alinharia com a burguesia.

---

11 Publicado em *O Estado de S. Paulo* (30/11/2004).

Havia, também, o componente estratégico. A tomada do poder em Cuba por Fidel Castro, em 1959, arrepiou o cabelo dos conservadores da América Latina. A estrutura agrária tradicional, concentrada e autoritária, dava vez à pregação revolucionária. Nasceu assim o Estatuto da Terra, não para fazer revolução no campo, mas sim para impedi-la. Melhor entregar os anéis que os dedos...

Qual o resultado? Quase nenhum. A colonização, em terras devolutas ou públicas, caminhou, mas no capítulo da reforma agrária, entendida como a repartição da propriedade, pouco se conseguiu avançar.

Porém, ao contrário do que se imaginava, o Brasil progrediu e o campo se modernizou. Essa foi a maior ironia que a História pregou na economia agrária brasileira. O Brasil não precisou da reforma agrária para se desenvolver.

O latifúndio continuou grande, mas abandonou o atraso, transformando-se em empresa capitalista. Quando os militares tomaram o poder, o Brasil apresentava uma economia agrária atrasada. Agora, o país produz com tecnologia própria, ultrapassa o gigante norte-americano e emerge como a grande potência agropecuária do planeta.

Decididamente, proeza assim não se consuma com oligarquia no comando. Copérnico! Receberia o mesmo descrédito do físico famoso quem ousasse afirmar, na década de 1960, que tal feito fosse possível sem passar pela reforma agrária. Uma heresia.

Talvez, é crível, se tivesse ocorrido a reforma, a estrutura agrária estaria menos concentrada, o campo mais igualitário, menores as injustiças sociais. A História, todavia, não anda para trás. E nem adianta querer realizar, agora, a reforma agrária que não vingou no passado. Trata-se de uma ideia fora do lugar.

A questão agrária contemporânea, o drama real, não fabricado, que atinge o campo no presente, reside na sobrevivência do "com-terra". As grandes nações veem diminuir o número de seus agricultores nos últimos cinquenta anos.

Na França, eram 2 milhões, agora são 500 mil. Nos EUA, caíram de 6 para 2 milhões. Com todo o protecionismo que lá praticam. No Brasil, esse fenômeno está ainda latente. Aqui está o maior desafio da política pública: manter 5 milhões de agricultores produzindo, segurando o emprego e a renda na roça.

Não será tarefa fácil. O mundo da tecnologia e a dominação dos mercados pairam como espada sobre a cabeça dos agricultores, principalmente dos pequenos. Exige-se muita dedicação, profissionalismo, competência técnica e organização cooperativa. Mesmo assim, nunca é fácil pagar a conta do financiamento bancário – quando se consegue obtê-lo.

É terrível dizer, mas passou o tempo de inventar agricultores. O distributivismo agrário acabou superado pela história. E direcioná-lo para equacionar a crise do desemprego urbano mostra ser um fracasso retumbante. Receita antiga não cura doença moderna. Chegou a hora de trocar o Estatuto da Terra por uma nova legislação. O problema do país, felizmente, não mais reside na ociosidade da terra. Mas sim no seio do processo de produção, que seleciona e marginaliza. A distribuição da riqueza que brota do campo é o nó da questão.

Mudou a realidade e mudaram os conceitos. Aquilo que o Incra considera improdutivo – cerca de 130 milhões de hectares – é, na verdade, floresta virgem ou solo árido do Nordeste. Chega de confundir as coisas.

A nova lei agrária que a modernidade exige precisa retomar o espírito da pioneira Lei de Terras, de 1850. O Estatuto da Terra era uma lei punitiva. A nova lei agrária, que virá, deve valorizar quem produz, eliminando as incertezas sobre o domínio da propriedade rural.

Somente uma lei forte, clara, objetiva, radical, poderá fazer cessar o clima de incertezas no campo. Posseiros, fazendeiros, agricultores, assentados, índios, todos, merecem ter a segurança da produção e da moradia.

É insana essa pendenga eterna sobre os direitos da propriedade rural, brecha maior das invasões. Regularizem-se, já, as terras produtivas desse país. Para acabar a discórdia e devolver a paz no interior do Brasil. Um olhar para o futuro.

XII. Ilusão produtiva[12]

Maior assentamento rural do país, a Fazenda Itamaraty, no Mato Grosso do Sul, reflete a tragédia da reforma agrária brasileira. Milhares de famílias, subjugadas por líderes de araque, sofrem com a sorte. O sonho de Olacyr de Moraes se transforma em pesadelo.

Localizada a 45 km de Ponta Porã, a enorme gleba, de 50 mil hectares, foi adquirida em 1973. Muito investimento e tecnologia geraram um projeto agropecuário exemplar. Seu proprietário, neófito no ramo, virou rei da soja. Fama se une ao dinheiro.

Tudo corria bem. Fortuna adquirida em contratos públicos impulsionava o progresso no campo. Produção e trabalho brotavam da terra. Quase uma centena de pivôs de irrigação, mais a pecuária integrada, movimentavam 7 mil pessoas. Uma verdadeira cidade rural.

O império agropastoril da Itamaraty começou a ruir em 1995. Má gestão se somou ao custo trazido pelo Plano Real. Com inflação galopante, a ciranda financeira remunerava mais que a produção. Estabilizada a economia, as dívidas se tornaram reais. Muita gente quebrou.

Em 2001, o Incra adquiriu metade da Fazenda Itamaraty, elaborando um projeto de assentamento para 1.140 famílias. Em 2003, arrematou o restante, atendendo mais 1.700 famílias de sem-terra. A transação, negociada, foi caríssima, cerca de R$ 200 milhões. Tudo se justifica, todavia, em nome da reforma agrária.

Elaborado pelo Idaterra, órgão do governo estadual, o plano de desenvolvimento do assentamento Itamaraty chega a emocionar seu leitor. Avançada agronomia se mistura com ideologia da libertação. Começa por citar Amartya Sen, prêmio Nobel de Economia: "desenvolvimento é o aumento da capacidade de os indivíduos fazerem escolhas". Perfeito.

Invasores de terras partiram para o "diagnóstico participativo". Ex-boias-frias e desempregados urbanos, gente excluída, são chamados a decidir sobre sua exploração agropecuária. Conforme se gaba no documento oficial, constroem juntos o conhecimento. É bonito.

---

12 Publicado em *O Estado de S. Paulo* (12/9/2006).

Planeja-se tudo, desde a subsistência familiar até a agroindustrialização local, incluindo a logística. Mas a grande sacada reside na organização do labor: implanta-se o trabalho coletivo. Nas áreas comunitárias, irrigadas, se cultivará a solidariedade socialista. Será? Como diria Joelmir Beting, na prática a teoria é outra. Passados quatro anos de experiência concreta, quem visita o assentamento Itamaraty teme pelo futuro. Os níveis de produção são baixíssimos, a qualidade de vida é sofrível. Campeia a prostituição e a corrupção. Dá pena de ver.

Lotes são vendidos a céu aberto. No assentamento I, mais antigo, estima-se que 30% das terras já trocaram de dono. No assentamento II, recente, o comércio fundiário se instala. Defronte a Santa Virgínia, a benesse custa R$ 15 mil, com casa novinha em folha. Mais: quem comprar se habilita a receber, do Incra, novos créditos agrários. De graça.

Nada funciona, porém, sem a comissão do chefe. Sendo tudo irregular, a propina corre solta. Como passe de mágica, autoridades públicas não tomam conhecimento das transações. Seguem o modelo do assentamento Dorcelina Folador, pioneiro na região, onde metade dos lotes já se foi. Fulano do município de Dourados já comprou oito lotes. Mas ninguém sabe de nada.

Pior é a subserviência. Quase 11 mil pessoas encontram-se subordinadas a três fortes organizações políticas, MST, CUT e Fetagri. Estas se subdividem em dezenas de grupos políticos, arregimentando de 30 a 50 famílias cada. Os articulados chefetes mandam a rodo. As assembleias decisórias envergonhariam o indiano Sen, ideólogo do desenvolvimento com liberdade.

A grande jogada econômica reside no arrendamento rural. O frágil sucesso do assentamento da Itamaraty depende de esquema de corrupção jamais visto na reforma agrária. Ocorre que as áreas de exploração supostamente coletiva encontram-se cedidas para produtores da região. Afirma-se por lá que, dos 87 pivôs de irrigação, 5 são conduzidos pelos próprios assentados. Os demais são explorados por forasteiros.

Os agentes públicos conhecem a maracutaia, mas entendem que, embora proibido, o arrendamento configura a melhor forma de assegurar renda para as famílias assentadas. Assim, ou fingem não ver, ou participam do esquema financeiro. A renda é paga diretamente ao chefe do grupo, que a reparte entre os apadrinhados. Parece divisão de furto.

Soja, milho, algodão e mamona saem da Itamaraty como se gerados fossem pelo assentamento. Nessa ilusão produtiva, a pecuária também encontra seu nicho. Por R$ 7 por cabeça/mês, alugam-se pastagens de capim braquiária. Preposto do frigorífico de Ponta Porá, só ele, detém 800 bois na área reformada. O socialismo agrário se transforma em grossa picaretagem.

A triste realidade se impõe frente ao planejamento idealizado. Há, sim, tentativas sérias de aprimoramento técnico. Curiosamente, todavia, uma ONG carioca venceu a licitação para fornecimento de assistência agropecuária aos assentados. Na sequência, fez uma triangulação financeira e repassou a tarefa para quatro entidades locais ligadas à CUT e ao MST. Tudo muito estranho.

Quando o presidente Lula visitou o assentamento Itamaraty, em 2003, se entusiasmou e galgou uma colheitadeira. Feliz, iniciando o governo, afirmou que faria ali uma reforma agrária exemplar. A máquina que ele pilotou, entretanto, não pertencia aos assentados, mas sim aos forasteiros da malandragem.

Ninguém teve a coragem de contar ao presidente Lula. Até hoje ele não sabe de nada.

XIII. Farsesca Agrária[13]

Preciosas informações sobre o campo foram recentemente divulgadas pelo Censo Agropecuário do IBGE (2006). Elas confirmam o crescimento da agricultura familiar, cujas unidades passaram de 4,1 milhões para 4,5 milhões. Correspondem agora a 88% do número total de estabelecimentos agropecuários do país. A força do pequeno.

---
13 Publicado em *O Estado de S. Paulo* (20/10/2009).

Esse interessante fenômeno da economia rural carece de melhor análise acadêmica. Certamente, porém, o apoio do Estado tem sido fundamental nesse processo, desde a criação do Programa Nacional de Fortalecimento da Agricultura Familiar (Pronaf). Isso ocorreu em 1995.

Os petistas inquietam-se e escondem a inveja. Mas foi o presidente Fernando Henrique Cardoso que, pela primeira vez, formulou uma política específica para essa categoria de pequenos agricultores, articulada então pelo agrônomo Murilo Flores, da Embrapa. Com inédita metodologia, valorizando o uso do trabalho, e não o tamanho da terra, o governo apartou uma parcela dos recursos do crédito rural, direcionando-a para os chamados agricultores familiares.

Hoje se colhem os bons frutos dessa importante política agrícola. Estudos conduzidos por Carlos Guanziroli, Antônio Márcio Buainain e Alberto Di Sabbato relatam que, em 2006, os agricultores familiares respondiam por 40% do valor da produção agropecuária, ante 37,9% em 1996. No emprego, incluindo os membros da família, o segmento absorve 13 milhões de pessoas, ou seja, 78,8% do total da mão de obra ocupada no campo. Celeiro de gente trabalhadora.

Os assentamentos de reforma agrária, embora incipientes, também contribuíram para ampliar o espaço da pequena produção rural. Tanto é que as maiores variações positivas na participação da agricultura familiar ocorreram nas regiões Norte e Nordeste, onde, por sinal, passaram a dominar a produção agropecuária. Fim do coronelismo.

Tais dados, obtidos a partir do último Censo Agropecuário, destroem certo discurso boboca que brada estar o modelo do agronegócio acabando com a pequena agricultura. Acontece justamente o inverso. Novas tecnologias, mercados integrados e apoio do governo robustecem a produção familiar no campo.

Caso único. Em todos os setores da economia ocorre concentração de capital. No sistema financeiro, nos supermercados, nas farmácias, nos postos de gasolina, no comércio varejista, por onde se olha, empresas se fundem, aumenta a escala da produção, as vendas se agigantam. Poucos, aliás, combatem politicamente esse transcurso cruel dos negócios urbanos, em que os grandes engolem os pequenos. Parece normal na moderna economia.

Na agropecuária, entretanto, a roda gira diferente. A agricultura familiar se fortalece juntamente com a grande empresa rural. Mesmo assim, curiosamente, o discurso atrasado contra o agronegócio teima em persistir, como se a mentira repetida se transformasse em verdade. Os combatentes da moderna agropecuária, qual Dom Quixote, bradam contra moinhos de vento.

De onde surge tal delírio ideológico, conforme o denomina Zander Navarro? Certamente do equívoco, elementar, que distingue "agricultura familiar" do "agronegócio", como se ambas as categorias fossem opostas, e não complementares. Ora, familiar não significa ser miserável no campo, embora muita pobreza exista por lá.

O sucesso do programa de agricultura familiar reside exatamente na ideia de que, ao investir em tecnologia e ganhar produtividade, o pequeno produtor se qualifica para participar do mundo do agronegócio. Assim procedem milhões de antigos agricultores, todos querendo escapar da sofrida subsistência, ganhar seu dinheiro, educar suas crianças, ter saúde, crescer na vida. Uma política agrária moderna procura livrar o agricultor de sua submissão histórica, emancipando-o econômica e culturalmente, transformando-o em pequeno empresário. Agronegócio familiar.

Quem, violentamente, combate o agronegócio e, idilicamente, defende os agricultores familiares comete um pecado conceitual. Milhões de excelentes produtores de café, soja, feijão, arroz, leite, carne, mandioca, frutas, verduras dependem do agronegócio para viver. Desejosos do progresso, buscaram financiamentos do Pronaf, aprimoraram-se tecnicamente, organizaram-se em cooperativas, vendem com qualidade. Pequenos na roça, gigantes no mercado.

O discurso esquerdista que opõe o agronegócio à agricultura familiar cheira a um populismo antigo, baseado naquele desejo de tutelar a miséria rural, roubando dos camponeses pobres seu próprio destino. Nada mais adequado à manipulação política do que tratar os pequenos agricultores como coitados, cultivando sua dependência histórica. Falsos líderes gostam da subserviência do povo, um terreno onde a esquerda e a direita autoritárias se confundem facilmente.

As laranjas padeceram noutro dia, arrasadas pelo banditismo rural. A fama da fruta já anda balançada com tanto escândalo financeiro, pois a mídia insiste, sem que ninguém explique direito o porquê, em chamar de laranjas aqueles que disfarçam o crime de lavagem de dinheiro. Dessa vez, apanharam diretamente, destruídas pela raiva dos invasores de terras. O laranjal virou personagem de um triste filme agrário. Uma farsesca.

Por detrás, nos bastidores da trama, o argumento ignóbil: laranja não é comida e, não sendo familiar, o agronegócio da citricultura não interessa à sociedade. Portanto, dane-se a produção, esqueça o emprego, pau no laranjal. Besteirol puro.

O MST inventa assunto para esconder a insanidade de sua luta autoritária. Ao combater o agronegócio, imagina voltar ao tempo do pé de laranja no fundo do quintal, poleiro de galinhas caipiras. No fundo, paradoxalmente, alimenta-se da miséria rural.

Dezesseis teses sobre o MST e a reforma agrária[1]

Zander Navarro

O artigo propõe "dezesseis teses" que ou enfocam diretamente o Movimento dos Trabalhadores Rurais Sem Terra (MST) como um todo ou discutem temas específicos relacionados à organização, a última tese sendo uma previsão sobre o futuro mediato do MST. Essas proposições estão contidas em três seções, as quais, aproximadamente, articulam uma sequência cronológica. A primeira parte descreve alguns aspectos decisivos da história do movimento, incluindo um breve comentário sobre o seu momento mais denso e espetacular, que foi a "Marcha para Brasília", em abril de 1997. A segunda parte analisa as mudanças ocorridas que derivam do papel proativo do MST na política brasileira dos últimos dez a quinze anos – em especial, a sua destacada capacidade operacional para construir uma imagem pública que é muito maior do que a sua dimensão real. Finalmente, a terceira seção destaca proeminentemente o curso problemático empreendido pela organização na última década. De fato, diversos eventos no período talvez venham demonstrando a combinação fatal de dois processos: de um lado, o impacto do "triunfalismo",

---

[1] Excerto do artigo "Os tempos difíceis do Movimento dos Trabalhadores Rurais Sem Terra (MST)", publicado no livro organizado por Mattos et al., *Políticas públicas e desenvolvimento*, 2011, p.425-470. Originalmente publicado em inglês na revista *Redes*, v.15, n.1, 2010, p.196-223.

depois dos sucessos obtidos na segunda metade da década de 1990 e a evidente falta de uma adequada visão estratégica e, de outro lado, o impacto da urbanização e a redução do escopo social para a reforma agrária no Brasil.

I. O Movimento dos Trabalhadores Rurais Sem Terra (MST): alguns aspectos históricos

(1) *Sobre a sua natureza:* não obstante seu nome oficial, o MST deixou de ser um "movimento social" há muitos anos. Foi rapidamente estruturado como uma organização formal logo depois de 1984, altamente centralizado no que diz respeito aos aspectos mais decisivos (a estratégia política, as escolhas das "bandeiras de luta" ou a definição sobre os adversários), mas de alguma forma descentralizado quando os aspectos secundários estão em discussão, liberando assim a criatividade das ações locais. A constituição dessa organização formal ocorreu no segundo semestre de 1986 e é facilmente comprovada: basta que se comparem os números do jornal do MST (*Jornal dos Sem-Terra*) antes e depois daquele período. Em dezembro daquele ano a então pequena liderança do movimento expurgou os jornalistas empregados e contratou outros mais cordatos. O jornal foi então transformado em um instrumento típico de propaganda política, rigidamente leal às orientações ideológicas da liderança nacional do movimento. De uma publicação mais plural, quando discutia os processos sociais rurais, rapidamente evoluiu para um jornal de uma nota só, o que é típico de organizações stalinistas. Na mesma ocasião, a liderança mudou de mãos, e a presença dominante de mediadores católicos foi substituída por lideranças de sem-terra que haviam sido formadas nos anos anteriores.[2]

---

2 Navarro, Mobilização sem emancipação – as lutas sociais dos sem-terra no Brasil. In: Santos (org.), *Produzir para viver*, p.189-232. Existem versões em italiano e espanhol. Em inglês, foi publicado no livro do mesmo organizador, *Another Production is Possible*, p.146-178.

Essa descentralização apenas parcialmente controlada explica por que algumas ações locais são às vezes espantosas, seja por sua audácia ou, então, por sua incoerência política. Existem, por exemplo, invasões frequentes de postos de pedágio em estradas privatizadas do Paraná, onde o [então] governador manteve uma aliança tácita com o movimento e estimulou tais ações. Em alguns estados nordestinos, por outro lado, o MST promove regularmente o saque de caminhões, em diferentes estradas da região. Em Pernambuco, o movimento invadiu e destruiu em 2006 as instalações de uma fazenda dedicada à criação de avestruzes, alegando que esse animal seria estranho à fauna brasileira. Particularmente durante o ano de 2007, em Minas Gerais e no Pará, seus militantes tomaram de assalto os trens da maior empresa privada brasileira, a Vale, firma que é uma das maiores exportadoras de minério do mundo, exigindo a reversão de sua privatização, que ocorrera em 1997. No Pará o bloqueio das linhas ferroviárias interrompeu a produção de *pellets* e causou uma perda econômica considerável. Ao concluir essa ação naquele estado, o MST apresentou uma lista de reivindicações, o que incluía o aumento de uma taxa paga ao governo estadual. A Vale deve pagar 3% de suas receitas líquidas obtidas como decorrência das atividades realizadas no Pará, mas o MST exigiu que o percentual fosse elevado para 10%. Talvez apenas como curiosidade, o estado tinha na ocasião uma governadora petista, que ignorou todas as determinações judiciais para concretizar exigências legais de reintegração de posse e desalojar os ocupantes de terras em diferentes municípios. Muito mais grave, entretanto, são as evidências que se avolumam sobre formas de intimidação física contra assentados em áreas sob o controle do movimento, para não citar uma nova e sombria face de disposição de militantes para práticas ainda mais violentas, inclusive a eliminação de oponentes.[3] Pesquisas mostram que a opinião pública claramente desaprova essas ações, mas o MST parece desprezar tais evidências (o que será discutido

---

3 Consulte-se, como ilustração, o conflito ocorrido em 2009 em Pernambuco, quando militantes sem-terra teriam assassinado quatro trabalhadores rurais que tomavam conta da propriedade que o MST tentou ocupar.

posteriormente). Talvez o erro mais espetacular tenha sido a invasão em 2002 da propriedade (de tamanho médio) do ex-presidente Fernando Henrique Cardoso, em meio à campanha presidencial daquele ano. Houve forte desaprovação pública após essa invasão e os líderes nacionais foram forçados a desautorizar seus companheiros locais que lideraram a iniciativa.

Sob uma perspectiva sociológica, movimentos sociais supõem a existência de uma liderança flexível e algum grau de espontaneidade política, quando programam o seu repertório de lutas sociais, mas desde meados dos anos 1980 essas facetas deixaram de ser parte intrínseca do formato organizacional do MST. O modelo que obviamente inspirou a reorganização da estrutura do movimento, naqueles anos, foi o partido político leninista. Por outro lado, entidades coletivas que são estruturadas como organizações, entre outras características, estabelecem necessariamente carreiras internas, e atualmente o movimento mobiliza um número expressivo de militantes que são incapazes de conduzir qualquer outra atividade, sendo apenas "profissionais da agitação".

Deve ser notado, contudo, que é impossível estimar o número de militantes sob a influência do movimento. Mesmo seus líderes nacionais ignoram quantos são aqueles registrados na folha de pagamento ou apenas sob a órbita da organização, mas atuando voluntariamente. A razão para esse desconhecimento reside na existência de inúmeras formas de vínculo ao MST, variando daqueles que se associam às estruturas nacionais (comunicações, educação, propaganda, relações internacionais, entre outras) àqueles que trabalham nos estados ou, ainda mais remotamente, desenvolvem proselitismo nas regiões rurais em nome do movimento e recebem seu estipêndio de diferentes fontes. Frequentemente, um militante em tempo completo é empregado em esferas governamentais (em todos os níveis) e transfere parte de seu salário para a organização. Existem muitas cooperativas ou ONGs que fazem o mesmo: são legalmente registradas e procuram fundos em diferentes fontes, normalmente em organismos governamentais e, se bem-sucedidas, parte dos recursos se destina ao MST. Particularmente depois de meados dos anos 1990, o MST tem tido êxito em localizar inúmeras oportunidades no âmbito do Estado e gradualmente se tornou uma organização "paraestatal", cada vez mais dependente de fundos públicos. São passos que evidenciam, de fato, a capacidade de seus militantes colonizarem diversos espaços públicos. Em todo o país, essa tem sido a principal estratégia: conquistar todos os espaços possíveis para promover a organização. Esses vínculos assumem formas as mais diversas, de um humilde professor empregado pela prefeitura municipal na escola do assentamento àqueles apontados para disputar cargos eleitorais (vereadores, prefeitos e deputados). Sobretudo a partir de 2003, o MST empreendeu esforços consideráveis para alocar o maior número de seus militantes em diferentes esferas do governo federal.

(2) *A vida e os tempos do MST:* concretamente, a organização foi efetivamente estabelecida na segunda metade dos anos 1990, quando se observou a sua *entrée* na cena nacional, sobretudo participando dos debates sobre reforma agrária. Antes daqueles anos, era ativo especialmente no Sul, mas relativamente desconhecido no restante do país. Também naquela ocasião, foi mudando os seus principais canais de financiamento, os quais vinham sendo cobertos pelos cofres generosos das igrejas europeias. O MST gradualmente localizou os furos existentes, os recursos e as oportunidades no grande campo estatal. Essa foi mudança particularmente materializada depois do efetivo início do Programa Nacional de Reforma Agrária (em 1995) e a abertura então oferecida pelo Ministério da Reforma Agrária, para não mencionar outras possibilidades governamentais, das quais o movimento começou a ser crescentemente capaz de extrair fundos, através de suas organizações fantasias. Municiado por esse contexto favorável, o MST ampliou suas iniciativas no restante da década com vigor sem precedentes. Alguns estudos analisaram o impacto dessas pressões na cobertura da grande imprensa e demonstraram a escalada de notícias sobre a organização a partir de meados daquela década, com um pico em 1997. Deve ser notado que a política nacional de reforma agrária foi igualmente formalizada em face da influência extraordinária das pressões exercidas pelo MST. O ministério citado, no entanto, sob um nome diferente, foi uma inovação institucional da

primeira presidência civil, terminado o ciclo militar (foi instituído em 1985).[4] O MST ainda recebe fundos substanciais de doadores europeus, mas os recursos nacionais se tornaram, cada vez mais, a parte principal do financiamento da organização.

Invasões de terra foram multiplicadas naqueles anos. De 398 casos registrados em 1996, pularam para 599 dois anos depois, o maior número de invasões já promovidas pelos sem-terra. Mas na década seguinte esses números têm sido substancialmente reduzidos e, em 2009 (janeiro a 15 de novembro), somaram 231 casos – e um terço deles apenas em São Paulo. Deve ser igualmente notado que com o passar dos anos essas são estatísticas que perderam parte considerável de seu significado e relevância. O movimento detectou que vinha diminuindo a repressão estatal, com o aprofundamento do processo de democratização e gradualmente reduziu também o número de participantes (militantes e simpatizantes), ao organizar as invasões. Os números sobre os participantes envolvidos em cada incidente têm sido usualmente superestimados pelo MST, por razões propagandísticas, e são inteiramente irreais. Ainda assim, evidências assistemáticas sugerem essa clara tendência na mobilização de um número menor de pessoas envolvidas em cada caso de invasão de terra, se os números da década de 1990 são comparados com os anos recentes.

(3) *Desperdiçando sua maior oportunidade política*: a "Marcha a Brasília", em abril de 1997, foi o único evento preparado por uma organização de cunho popular que realmente encurralou o governo de Fernando Henrique Cardoso. Contra a sua vontade inicial, o presidente foi forçado a abrir as portas do Planalto para receber uma delegação de sem-terra encabeçada por João Pedro Stedile. Esse poderia ter sido o melhor momento para o MST se institucionalizar

---

4 A mais forte e antiga força política envolvida na defesa da reforma agrária brasileira tem sido o movimento sindical de trabalhadores rurais, comandado pela Confederação Nacional dos Trabalhadores na Agricultura (Contag). Contudo, a partir de meados da década de 1990, o MST entrou em cena, beneficiado por uma série de fatores favoráveis que marcaram aquela conjuntura e foi se tornando mais influente com o passar dos anos.

e se democratizar, criando uma "outra fase" e renovando a sua história de lutas, pois chegara então ao *ápice de sua trajetória*, em matéria de prestígio social e influência política. A Marcha foi o maior evento público já organizado pelo movimento e se diz que tenha reunido em torno de cem mil pessoas em Brasília para o seu ato final, antes do encontro no palácio presidencial. Foi organizada para denunciar a morosidade das investigações sobre o massacre ocorrido no ano anterior, em Eldorado dos Carajás. Desde então, o MST tem realizado ações anuais preferencialmente nesse mesmo período, logo intitulado de "Abril vermelho" pela imprensa.

A Marcha poderia ter produzido profundas consequências, caso o movimento decidisse se transformar em uma robusta estrutura institucionalizada para defender os interesses dos mais pobres do campo. Seus líderes, no entanto, optaram por manter a estrutura semiclandestina, um bizarro contraste com o restante da sociedade brasileira, que experimentava então um processo vibrante de democratização. Sem surpresas, desde então os dilemas enfrentados pelo MST apenas se multiplicaram, pois essa excêntrica antinomia política não poderia mesmo prosperar com o passar dos anos.

Existem autores que tendem a minimizar a profundidade do processo de democratização citado e insistem que essa hipotética decisão política, se adotada pelo MST, poderia representar uma armadilha, pois seria capturado pela rede conservadora da política brasileira. Não obstante a assim chamada "ordem democrática" nas sociedades capitalistas representar um assombroso desafio para as organizações populares mais radicalizadas (um tema finamente discutido por Gramsci, entre outros autores), o argumento aqui defendido segue outra linha de reflexão. É que a partir daqueles anos gradualmente se desenvolveu uma crescente inconsistência estratégica que vem opondo de um lado organizações de esquerda, porém mais reformistas e moderadas e, de outro, os setores e partidos mais radicalizados do espectro político da sociedade brasileira, os quais apostam em algum outro momento futuro que possa animar transformações mais profundas na estrutura política do país. São setores que têm se isolado, no tocante ao seu poder politico e influência social. Por outro lado, somente o MST tem persistido na manutenção de uma estrutura semiclandestina e internamente autoritária, estranhamente demandando "democracia" para todas as outras forças políticas enquanto, ao mesmo tempo, ignora a mesma demanda para si mesmo. É curioso que os simpatizantes do movimento argumentem que não existe aqui nenhuma contradição e insistam que a democracia brasileira não experimentou nenhuma mudança substantiva digna do nome.

(4) *As alianças do MST na sociedade:* estas floresceram no final dos anos 1990, mas estão secando em anos mais recentes. Parece que a sociedade brasileira foi ficando cansada da agitação não democrática realizada pelo movimento. Nascido no espaço politicamente promissor do Partido dos Trabalhadores (PT), onde se encontra firmemente enraizado, mesmo o partido parece crescentemente incomodado com uma organização autoritária que perdeu a sua razão de existência e age erraticamente, sobretudo depois de se tornar um ator enfraquecido, que não comanda mais a mesma poderosa agenda inicial. Atualmente o MST saboreia aprovação pública bem mais estreita: é principalmente apoiado por setores católicos radicalizados, alguns sindicatos e organizações da sociedade civil, pequenos grupos de pesquisadores em universidades públicas, algumas facções internas dos partidos de esquerda e, em especial, setores de estudantes universitários.

A mais iluminadora pesquisa já realizada para detectar a opinião dos brasileiros sobre o MST e suas ações foi divulgada em novembro de 2009. Produzida pelo Ibope, a pesquisa parece ter nítidos elementos de credibilidade metodológica. Se confirmada por pesquisas complementares no futuro próximo, os resultados são devastadores para o movimento. Foram entrevistadas 2.002 pessoas em diferentes partes do país, estratificadas de acordo com nível de renda, região, idade, sexo, estado civil e nível de escolaridade.

As opiniões apuradas registram que uma proporção notável de brasileiros apoia a reforma agrária (90% responderam que "O MST precisa lutar pela terra, mas sem recorrer à violência ou às invasões de terras"). As invasões foram condenadas por 92% dos entrevistados, enfatizando que seriam "ilegais". Deve-se notar também que a insistência do movimento, em seus materiais de propaganda, quando separa supostos conteúdos políticos diferentes para as palavras "ocupação" e "invasão" (das terras), o que justificaria moralmente essas ações, ainda não produziu efeitos na opinião pública, pois 89% consideram aqueles atos como "invasões" e apenas 9% preferiram chamá-los de "ocupações".[5]

Finalmente, é também relevante citar que enquanto 80% aprovavam na ocasião a gestão presidencial sob o comando de Luiz Inácio Lula da Silva, o conservadorismo entranhado na sociedade brasileira surgiu sob outras avaliações. Essa inclinação transparece na aprovação das Forças Armadas (79%), da Igreja Católica (74%) e as igrejas evangélicas (69%), a polícia (63%) e assim por diante. O MST tem a aprovação de apenas 27% daqueles entrevistados e a vasta maioria associa o movimento a imagens negativas, como as invasões (69%), violência (53%) e "é incoerente com seu discurso" (67%). Ainda mais relevante, 60% dos entrevistados julgam que o MST oferece dificuldades para a implementação da reforma agrária no Brasil (32% julgam o contrário) e, mais amplamente, com proporções variando entre 69% a 81%, os entrevistados entenderam que as ações do MST são prejudiciais sob diferentes aspectos, tais como o desenvolvimento político do Brasil, emprego, desenvolvimento social no país, a economia, investimentos estrangeiros e a imagem do Brasil no exterior.

---

5 Como uma observação etnográfica de alguma relevância, essa nuançada diferença entre as duas palavras pode ter enormes implicações na logística da pesquisa sociológica sobre o movimento. O uso do termo "invasão" por um dado pesquisador, se reiterado, seja nas pesquisas de campo ou nos escritos resultantes, resulta imediatamente em uma etiqueta sobre o(a) responsável, podendo comprometer irremediavelmente pesquisas futuras em assentamentos ou outros espaços controlados pelo movimento. Na realidade, trata-se de uma distinção pueril e tola, mas o MST a utiliza para selecionar seus aliados potenciais, separando-os dos pesquisadores independentes.

II. As lutas pela terra e a dinâmica da política brasileira

(5) *Ilusões públicas – 1*: o tamanho aparente do MST é muito maior do que a sua expressão real e esta é uma das armas mais instrumentais utilizadas para garantir visibilidade pública. Utilizar de forma criativa os aliados e os espaços existentes no âmbito público e junto à sociedade civil (como sindicatos aliados, por exemplo) é um mecanismo tático eficiente para ampliar fatos e eventos que, em si mesmos, não são realmente importantes. O resultado é que o movimento se apresenta publicamente como uma força política aparente muito maior do que de fato é. Não apenas os brasileiros, mas especialmente os estrangeiros normalmente se confundem com essa paralaxe política. Fora do Brasil é possível ler, com alguma frequência, a frase pomposa, mas completamente irreal e conceitualmente incorreta, acerca do "maior movimento social do mundo". Não apenas o MST aparece muito maior do que o seu tamanho real, mas tem experimentado, na realidade, uma redução em sua capacidade de mobilização. Se analisadas cuidadosamente, as ocupações de terra e outras ações vêm encolhendo ao longo dos anos, assim como o número de participantes em tais atos. No passado, invasões de terra na maioria das regiões rurais requereriam pelo menos 400 a 500 participantes (assim dificultando a repressão policial), enquanto atualmente é possível verificar ocupações bem-sucedidas, às vezes, com até menos de cem participantes.

Um revelador exemplo histórico é o caso do Rio Grande do Sul, onde o movimento "testou" o humor das autoridades nos anos de 1983-1984 e, em outubro de 1985, promoveu a maior invasão de terra já ocorrida no estado (foram cerca de 6,5 mil participantes), uma demonstração numérica dos imensos desafios operacionais para ocupar uma propriedade privada naqueles anos. Recentemente, contudo, a organização não mobiliza mais do que alguns militantes para entrar livremente em qualquer propriedade privada no estado, pois conta com uma repressão policial muito mais contida, assim como as medidas judiciais eventualmente perseguidas pelos proprietários, cujas concessões, usualmente, passaram a demandar muito mais tempo, quando comparadas com o passado. Mesmo contando com ambientes confrontacionais mais comedidos e cautelosos, por parte de seus oponentes, as ocupações de terra foram drasticamente reduzidas, assim como o número de participantes, na vasta maioria das ações realizadas.

Adicionalmente, se fosse viável a verificação empírica, se concluiria também que a maioria das iniciativas atuais mobiliza muito mais os membros de famílias rurais já assentadas, os quais são usualmente recrutados através de um espectro de formas de intimidação utilizadas pelos militantes do MST. A palavra "intimidação" poderá surpreender. Infelizmente, esse termo é preciso e corresponde à realidade dos comportamentos verificados nos assentamentos e esferas sob a influência do movimento, nos quais amiúde existem formas forçadas de participação de assentados e seus familiares nas iniciativas patrocinadas pela organização. Esse é quadro facilitado porque a organização tem algum controle sobre diversas esferas do Incra, o que lhe traz força política para assim proceder junto aos assentados. Em diversos estados, é o MST que decide, por exemplo, sobre os beneficiários de diversas políticas públicas, em muitos assentamentos distribuídos pelo país. Esse "braço financeiro", facilitado em função de relações promíscuas, senão ilícitas, com agentes do Estado, é poderoso o suficiente para intimidar famílias pobres nos assentamentos e acampamentos.[6]

---

[6] Verificada a forte presença de militantes ou simpatizantes do MST em posições governamentais, é curioso que o total de terra arrecadada para a reforma agrária tenha diminuído substancialmente durante os dois mandatos do presidente Luiz Inácio Lula da Silva. Nos oito anos dos mandatos anteriores de Fernando Henrique Cardoso, fortemente criticado pelo MST, protegido pela sombra política do PT, a média anual de terra arrecadada para essa política foi de 1.284.672 hectares, de acordo com dados oficiais do Incra (com o pico de 2.256.310 hectares desapropriados ou adquiridos em 1998). Durante os sete anos iniciais dos dois mandatos do presidente Lula, a média caiu abruptamente para 487.117 hectares, com um inacreditável ponto inferior de 6.478 hectares em 2008. Quais seriam as razões? Incompetência geral do governo, maiores dificuldades para arrecadar terras em face de preços maiores ou menor número de propriedades desapropriáveis? Ou, mais crucialmente, como se defenderá neste artigo, uma demanda social que apenas foi sendo diminuída com o passar do tempo?

(6) *Ilusões públicas – 2:* nos anos mais imediatos tem sido observada uma proliferação de "organizações" de sem-terra e novas abreviaturas invadem as páginas dos jornais, assim exacerbando, aparentemente, a "questão agrária". Mas esses são pequenos grupos transitórios, constituídos apenas para assegurar o acesso a projetos ocasionais de governos, seja o federal ou os governos estaduais ou, então, uma ação oportunista e isolada de algum líder atraído por um contexto promissor. Ambas as possibilidades, contudo, ocorrem fora da órbita de influência do MST e revelam apenas particularidades locais. Essa é a razão pela qual se verifica essa profusão de novas siglas, indicando a existência de criatividade política para tirar proveito de situações locais favoráveis. Contudo, essas organizações não têm nenhuma chance de se sustentarem no tempo. A razão é cristalina: nenhum desses outros grupos de sem-terra tem alianças sólidas no âmbito governamental e, igualmente, o apoio histórico de setores da Igreja Católica, o que tem beneficiado o MST desde o seu nascimento. Essa dupla relação assegura ao movimento uma fonte de recursos, de um lado, e seguidores, de outro, ambos os ingredientes sendo essenciais para a sua durabilidade política. Sua presença no âmbito governamental garante fundos permanentes para a manutenção de sua estrutura organizacional, enquanto a sua associação histórica com a Igreja garante a bênção ideológica da mais poderosa instituição da história brasileira.

(7) *Ilusões públicas – 3:* o MST é uma "organização progressista"? *Prima facie,* ninguém disputaria essa afirmação, em função de dois argumentos preliminares. A organização mobiliza os pobres do campo e luta por uma política governamental que tem estado no coração político dos setores progressistas do país. Além disso, a orientação política está embebida de um jargão de esquerda e seus líderes estão sempre repetindo o discurso típico das tradições socialistas. Assim, deixando de lado a discussão sobre a escolha de um formato organizacional, que é autoritário e repete as mais traumáticas experiências socialistas, nem discutindo também a completa falta de democracia interna que impede qualquer transparência no processo decisório e nem obriga nenhum dos seus líderes a prestar contas de seus atos, talvez seja suficiente notar o que se segue:

(a) Desde a sua fundação, o movimento tem insistido em apregoar a sua "democracia interna não sexista" e reivindica oferecer oportunidades iguais para as mulheres militantes da organização. É uma realidade infeliz, no entanto, que esta é uma promessa irrealizada até os nossos dias. As mulheres do movimento raramente atingiram posições mais destacadas no processo decisório e, igualmente, observações etnográficas demonstram que aquelas mulheres que ocasionalmente ascenderam na estrutura precisaram usar uma "linguagem masculina" para serem ouvidas. Ainda mais seriamente, precisaram abandonar completamente qualquer intenção de discutir "particularidades de gênero". Uma reveladora evidência dessa dominação patriarcal, não obstante a retórica contrária, pode ser encontrada na literatura geral do movimento, na qual referências a típicos tópicos discutidos em círculos feministas são raramente mencionados;

(b) Em anos recentes, ao procurar, com algum urgente desespero, constituir uma nova agenda política, o MST tem atacado vigorosamente o uso de sementes transgênicas na agricultura brasileira, assim como tem atacado com regularidade os "modelos convencionais de ciência", incluindo críticas desqualificadoras sobre os programas de pesquisa operados pelas agências públicas de pesquisa agrícola. Entretanto, essas críticas são enigmáticas, ao se tentar entendê-las, quando se observa que em *todos* os assentamentos onde a soja é cultivada, ainda que a influência da organização se faça presente, os produtores têm usado preferencialmente as sementes transgênicas. É impossível provar categoricamente essa observação, que é afirmada após inúmeras visitas a diversos assentamentos, em diferentes partes do Brasil e, também, após conferir essas observações assistemáticas com vários militantes do MST. Evidências adicionais e indiretas residem no fato de que na safra 2009/2010 o cultivo da soja no Brasil que utilizou sementes transgênicas chegou a 70% do total da área plantada, de acordo com diversas fontes de dados (*Folha de S.Paulo*, 12/12/2009);

(c) É mérito inegável do movimento o estabelecimento, desde os primeiros anos, do seu "Setor de Educação", especialmente quando se ressalta a costumeira negligência de políticas governamentais, no que diz respeito à educação rural para os mais pobres. Durante alguns anos o MST convocou seus militantes e implementou um programa destinado a erradicar o analfabetismo nos assentamentos sob sua influência, uma iniciativa que sempre mereceu aplausos praticamente unânimes. Mas o movimento também estruturou aquele setor com outros propósitos, sobretudo com o objetivo de recrutar e treinar jovens que posteriormente poderiam se tornar militantes incondicionalmente leais às diretivas superiores. Após muitas críticas externas ante a rígida doutrinação imposta àqueles jovens, a reação do movimento tem sido insistir estar sendo objeto de "criminalização". Tem se posicionado radicalmente contrária a qualquer avaliação externa e rejeita a possibilidade de visitas não programadas às escolas que existem em muitos assentamentos onde mantém seu controle social.

Novamente, ignorando outros aspectos críticos, é de se perguntar se uma organização que é tão desinteressada (se não hostil) aos temas relativos à discriminação de gênero, problematiza a própria ideia das práticas científicas e promove a doutrinação política de jovens assentados, ainda poderia ser designada como uma inspiração progressista para os pobres rurais.

(8) *Ilusões públicas – 4:* essa é uma tese que pode ser apresentada sucintamente. Em síntese: não existe, de fato, nenhuma coalizão verdadeira de organizações rurais de cunho popular no Brasil sob a bandeira da Via Campesina. A difusão da noção relativa a essa coalizão é burlesca e causa certa perplexidade entre aqueles que comandam algum conhecimento sobre as organizações rurais no Brasil. Algumas sugestões indicadas na literatura, sobre a presumida capacidade que o MST teria para atrair organizações irmãs, não correspondem à realidade dos fatos. Resumidamente, talvez seja suficiente afirmar que a Via Campesina brasileira é o MST *tout court* e os outros nomes usualmente citados como integrantes dessa suposta aliança se referem ou a organizações virtualmente inexistentes ou, então, são apenas satélites do movimento – mas, em todos os casos, sem exceção, sem qualquer base social digna do nome. Apenas como ilustração, o chamado Movimento dos Pequenos Agricultores (MPA), normalmente citado como sendo uma organização autônoma sob o guarda-chuva

da Via Campesina, não passa do departamento sindical do MST. Foi formado no final dos anos 1990, sob a inspiração de Frei Sérgio Görgen, um dos principais líderes do MST no Rio Grande do Sul. Foi percebida a crescente dificuldade de mobilizar trabalhadores rurais sem-terra naquele estado (onde os assalariados rurais não têm a mesma significação numérica encontrada em outros estados) e o MST decidiu então organizar o MPA como uma iniciativa de manter sua presença política no estado. Posteriormente, se decidiu expandir este braço sindical para outros estados. Novamente, esse é outro exemplo de um mecanismo político destinado a prolongar a ideia de um "apoio social", quando de fato ele é muito menor na realidade.

(9) A *"demonização" do MST:* as denúncias, bastante frequentes, de iniciativas que se destinariam a "criminalizar" a organização, muitas vezes, são tolas, se feitas de boa-fé. Embora é certo que existam setores da burguesia agrária que gostariam de liquidar o MST, refletindo a truculência social e política dos grandes proprietários de terra em nossa história agrária, deve ser realçado, contudo, que são setores atualmente irrelevantes em sua expressão social, além de geograficamente muito dispersos para representar uma ameaça real ao movimento. Por outro lado, denúncias sobre essa provável criminalização soam pelo menos ilógicas, quando comparadas com a longa lista de ilicitudes sob o comando do MST. É a democracia brasileira um regime político sob o qual os predicamentos legais não são contingentes para certos atores? O que justificaria, sob um regime democrático, que o "império da lei" se aplique a alguns, mas não a outros? De fato, a vitimização é uma tática conhecida (e inteligente) usada por movimentos populares ou organizações diversas, no sentido de galvanizar solidariedade social e obter força *vis-à-vis* seus oponentes políticos. Mas o MST banalizou de tal forma esse mecanismo que dificilmente produz repercussões na sociedade brasileira atualmente. Como discutido anteriormente, após a pesquisa de opinião conduzida pelo Ibope, a vasta maioria dos brasileiros é capaz de discernir a clara contradição vivida por uma organização que exige práticas democráticas dos outros atores sociais, mas despreza a democracia para si mesma.

(10) *O poder da propaganda:* inspirado no estilo *agit-prop* típico dos antigos partidos comunistas, o MST colonizou com grande sucesso uma parte importante da sociedade civil no Brasil, a quem domina e de quem utiliza recursos diversos a seu favor. Desde que é visto, na aparência das representações sociais, como uma "organização dos mais pobres do campo", somente uma minoria, entre os setores mais progressistas e à esquerda, ousa contestar a sua diretriz política autoritária, mesmo que tais setores estejam insatisfeitos com algumas práticas da organização, que algumas vezes beiram formas de comportamento protofascista. Devido ao fato de existir uma capilaridade política entre o MST, o campo político petista e, mais genericamente, "a esquerda", muito poucos são aqueles que, temerosos de represálias políticas, confrontam aquelas práticas. Qualquer observador familiar com o campo das ONGs brasileiras, por exemplo, provavelmente concordaria que esta é a tese deste artigo mais fácil de ser comprovada empiricamente.

III. Impasses políticos em tempos difíceis

(11) *O principal obstáculo para se reinventar:* o MST não modifica a sua estrutura organizacional e a sua racionalidade política porque nasceu e foi configurado sob o controle e a visão política obscurantista de seu principal líder. João Pedro Stedile é, de fato, o patrão da organização, para usar termo mais apropriado. Sua formação política incluiu uma passagem pelo MR-8 no final dos anos 1970 e é a sua ortodoxia, somada a um marxismo primário, que impede o MST de se tornar uma organização política mais eficaz e efetiva no âmbito do sistema político brasileiro. Sob sua liderança, formou uma claque que incensa a sua figura, sendo capaz também de repelir toscamente qualquer voz dissidente que eventualmente surja à sua frente. A homogeneidade discursiva do movimento é notável e essa padronização foi viabilizada depois da instalação de escolas de formação política, as quais foram estabelecidas para manufaturar uma linguagem única para a organização. A primeira dessas escolas foi estabelecida no remoto

município gaúcho de Braga (Rio Grande do Sul), em 1987. A experiência foi posteriormente transferida (e multiplicada) para diversos outros locais. Esses ambientes chamados de "educacionais" são, de fato, espaços para treinar novos militantes. Após seu treinamento, repetirão cegamente o mesmo jargão em todas as partes do Brasil. Em um país tão heterogêneo sob muitos aspectos, essa leitura uniforme e dogmática sobre as realidades rurais é outra excentricidade do MST, assim confirmando a sua intenção de manter estrito controle sobre seus militantes, na melhor tradição de uma organização leninista.

Como uma clara ilustração da centralidade do poder de Stedile, basta que seja citado o outro nome mais conhecido da organização, José Rainha. Tendo decidido enfrentar o "pai fundador" há alguns anos, acabou sendo exilado no Pontal do Paranapanema (São Paulo), junto com o seu "MST do B". Rainha surgiu como um hábil líder no Espírito Santo, onde as lutas sociais pela terra jamais foram relevantes. Rapidamente se mudou para São Paulo e passou a liderar o MST no Pontal, uma enorme área do oeste paulista que faz fronteira com o Mato Grosso do Sul. Segundo as evidências, é área capaz de promover o assentamento de estimadas 20 mil famílias, se as ainda pendentes confusões legais puderem ser resolvidas. Rainha é muito mais pragmático (ou, o que quer dizer o mesmo, "menos ideológico") e não compartilha da postura anticapitalista de Stedile, e suas ambições políticas são notórias. Após diversos desentendimentos, a liderança nacional do MST desautorizou qualquer relação oficial com ele, que ainda mantém no Pontal o nome e a iconografia típica do movimento – o que justifica a irônica referência à sua organização paralela, antes citada. Ao longo de sua história, o MST tem encontrado inúmeras situações de dissidência, mas tem sido ágil para expulsar aqueles que não seguem a linha oficial, não tendo permitido jamais a discussão interna fraterna e realmente livre, destinada a debater desde a estratégia geral às formas de ação e a agenda política, ou então atribuir legitimidade aos seus líderes, através de processos de escolha transparentes.

Um fato relacionado a ser citado diz respeito ao papel de acadêmicos e políticos com alguma relação com políticas agrárias, cujas iniciativas reforçam as doutrinas esposadas pelo MST. Deixando à margem aqueles que explicitamente se posicionam na extrema esquerda e são apoiadores incondicionais do MST,[7] a maioria dos operadores políticos situados na esquerda *mainstream* tem sido também cautelosa, quando o movimento é o objeto de discussão. Raramente sugerem questionamentos publicamente, embora severamente críticos, quando as opiniões se situam atrás das cortinas do teatro da política. No mundo acadêmico, normalmente tem prevalecido, para uma proporção significativa dos cientistas sociais, o que o mais respeitado especialista brasileiro em temas agrários, o sociólogo José de Souza Martins, sintetiza como sendo cruas manifestações de uma "Sociologia militante".

(12) *A demanda social pela reforma agrária*: embora o autor deste artigo tenha sido um dos raros a apresentar esse argumento, se reafirma aqui a inexistência de qualquer demanda social significativa pelo acesso à terra no Brasil em nossos dias que justifique um programa de ambições nacionais.[8] Aqui reside a tese principal deste artigo: reforma agrária é uma política governamental que reflete a natureza mutável dos processos sociais e políticos. Portanto, não pode ser *historicamente imutável*, e gradualmente foi perdendo a sua atratividade com a intensificação da urbanização. A Pesquisa Nacional por Amostra de Domicílios (Pnad) de 2008 demonstrou, enfaticamente,

---

7 Plínio de Arruda Sampaio é nome emblemático da extrema esquerda brasileira, quando se discute a política agrária. Um ícone da esquerda católica, foi candidato a governador de São Paulo pelo PT, no início dos anos 1990, embora mais tarde tenha se transferido para o Partido do Socialismo e da Liberdade (Psol). Foi presidente da Associação Brasileira de Reforma Agrária (Abra) e tem sido sempre uma espécie de militante do MST. Em relação ao citado caso da Cutrale antes referido, escreveu que "há uma crítica a ser feita em relação à ocupação da fazenda da Cutrale. De acordo com a empresa, os ocupantes destruíram 7 mil pés de laranjas. Cometeram um erro: eles deveriam ter destruído 70 mil árvores (o que nem seria percebido em uma fazenda que planta um milhão de pés de laranja), para chamar a atenção para o fato de a fazenda ocupar ilegalmente terras públicas em conivência com o Judiciário" (*Folha de S.Paulo*, 5/12/2009).

8 Esses argumentos são discutidos mais longamente em: Navarro, Nunca cruzaremos este rio – a estranha associação entre o poder do atraso, a história lenta e a "Sociologia militante", e o ocaso da reforma agrária no Brasil.

que o Brasil está se aproximando de uma virada espacial e ocupacional com profundas implicações econômicas e políticas: em toda a história brasileira o maior agrupamento empregado da população sempre tinha sido o dos empregados rurais. Aquele levantamento mostrou, contudo, que os empregados no setor comercial já devem ter se alçado como o maior segmento em algum momento recente. Do total de uma força de trabalho de 92,395 milhões de empregados (2008), 16,100 milhões estavam empregados em atividades agrícolas, contra 16,093 milhões ocupados no setor comercial, no mesmo ano. Nos anos 1950, o Brasil alcançou a sua primeira "transição histórica", quando os habitantes moradores das cidades e vilas consideradas urbanas suplantaram os moradores de regiões rurais, e agora a própria agricultura não é mais o maior empregador. Esse é o resultado direto do espetacular processo de modernização tecnológica das atividades agrícolas. Enquanto, por exemplo, a produção de grãos mais do que dobrou, crescendo durante o período entre 1991 e 2009 de 57,9 milhões de toneladas para 137,6 milhões de toneladas, a área plantada correspondente observou um aumento de apenas 26% durante o mesmo período (37,9 milhões de hectares para 47,6 milhões de hectares, de acordo com os dados oficiais). Em paralelo, instituída uma nova lógica econômica, vem sendo observada a "transição demográfica" que marcou todos os países que experimentaram um processo de modernização similar em suas atividades agrícolas.

A urgência da reforma agrária, se esta ainda existir, não se correlaciona com o índice de Gini *per se*, mas com a real demanda social. Se esta última observa um decréscimo em sua atratividade política com o passar do tempo, então a sua implementação se torna sem sentido algum, qualquer que seja a magnitude da concentração da propriedade fundiária. O índice de Gini brasileiro, usado para aferir a concentração da terra, é um dos mais altos do mundo (0,854 de acordo com o último Censo), mas este é fato que deverá permanecer como uma de nossas facetas agrárias, tão logo o tema da reforma agrária se torne completamente marginal na agenda política. O futuro do Brasil certamente mostrará uma estrutura social marcada por uma nítida presença de uma agricultura de gestão familiar fortemente integrada aos circuitos mercantis (especialmente nos três estados do Sul), em convivência com a agricultura comercial de larga escala (que é tão dominante, por exemplo, nos estados do Centro-Oeste). Talvez projetos regionais de reforma agrária ainda encontrem alguma inteligibilidade social, como em regiões do Nordeste, mas nada além daquele escopo se justifica mais no Brasil, sob qualquer argumento razoável.

A demanda social pela reforma agrária caiu dramaticamente nos últimos quinze a vinte anos, ainda que o significado de "demanda social" possa encontrar diferentes interpretações. É a "demanda potencial"? Ou é aquela que se manifesta politicamente como "demanda real"? A demanda social pela reforma agrária é aquela que se manifesta concretamente nos acampamentos de sem-terra, e também ocorre através de outras formas de pressão sobre as autoridades, de tal sorte que os demandantes se tornam visíveis na arena política (ou seja, se trata da "demanda real"). Essa é uma opinião, contudo, incomum, porque a maioria daqueles que se dedicam ao tema tendem a abraçar a demanda potencial como a manifestação empírica correta dos requerimentos sociais de implantação da reforma agrária. Como é óbvio, há uma enorme diferença quantitativa, se se toma em consideração uma ou outra dessas noções e normalmente os defensores da reforma agrária irão utilizar a ideia de demanda potencial.

Defende-se aqui, contudo, que a ideia de demanda potencial, para esse tema particular, é insustentável diante das realidades políticas do país, além de indesejável, sob a perspectiva dos interesses sociais distintos, rurais e urbanos, em regimes democráticos. Reforma agrária é uma política de governo que emergiu (em meados da década de 1990) como o resultado da democratização brasileira e da intensa pressão exercida por distintos atores sociais. É somente quando essa demanda se torna politizada, ou seja, expressa em ações e lutas políticas ("demanda real") que se materializa como legítima na vida social e as autoridades precisam responder com propostas e projetos. Não tem sentido lógico, em regimes democráticos, usar a noção de demanda potencial, se os cidadãos presumivelmente interessados na reforma agrária permanecem invisíveis politicamente – um argumento que se torna razoável, insista-se, apenas se examinado sob essa premissa da prevalência de uma ordem democrática. Pois esta é a única que permite que diferentes grupos e classes sociais, incluindo aqueles subordinados, se organizem livremente e disputem seus interesses com igual margem de liberdade.

Por outro lado, não parece crível que alguém seja corajoso o suficiente para apontar razões econômicas para defender a reforma agrária, ecoando os argumentos típicos de meio século atrás, quando essa política pública foi apontada como essencial para expandir o mercado interno. Mesmo uma justificativa social foi de certa forma esvaziada, depois de ter sido instituído o programa Bolsa Família, em 2004. É programa que tem sido relativamente bem-sucedido no sentido de reduzir a pobreza no Brasil. Adicionalmente, o Bolsa Família tem contribuído significativamente para reduzir as chances de mobilização social do MST. Essa relação negativa entre o sucesso do primeiro e as dificuldades do segundo foi primeiramente apontada pelo jornalista Eduardo Scolese, quando comparou a distribuição do programa assistencial federal e as ocupações de terra (*Folha de S.Paulo*, 16/4/2007).

Um dos mais respeitados especialistas em estatísticas rurais, Rodolfo Hoffman, em recente entrevista, adicionou novas nuances sobre a perda crescente de importância da redistribuição da terra, como ação destinada a diminuir as desigualdades sociais. Inquirido sobre o papel atual da reforma agrária, Hoffman argumentou que os níveis dos salários rurais são muito baixos, quando comparados com estratos sociais similares em áreas urbanas. Esse fato, associado à distribuição espacial da população (majoritariamente urbana em nossos dias), sugere que *uma reforma radical da Previdência Social é muito mais relevante do que a reforma agrária*, se o objetivo for elevar níveis de renda e reduzir a pobreza no Brasil. Em suas palavras,

> a distribuição da renda de todos os trabalhos das pessoas ocupadas no Brasil, incluindo os empregados, os trabalhadores por conta própria e os empregadores, tem média igual a R$ 1.036 (em reais de setembro de 2008) e índice de Gini igual a 0,521. Para os ocupados na agropecuária esses valores são R$ 615 e 0,531. Verifica-se, portanto, que a desigualdade é relativamente elevada nesse setor. Mas é incorreto

pensar que as rendas agrícolas têm efeito importante no sentido de aumentar a desigualdade no país. Verifica-se que a remuneração média obtida na agropecuária é relativamente baixa, correspondendo a 63% da remuneração média na indústria e a 54% da remuneração média no setor de serviços. Além disso, cabe ressaltar que os ocupados na agropecuária representam apenas 11% do total de pessoas ocupadas e auferem apenas 7% do total da remuneração das pessoas ocupadas. Como o total dos rendimentos de aposentadorias e pensões corresponde ao dobro do valor da remuneração dos ocupados na agropecuária, posso afirmar que uma reforma do sistema previdenciário tem maior potencial de reduzir a desigualdade da distribuição da renda no Brasil do que a reforma agrária [...] A renda de aposentadorias e pensões pagas pelo governo ou pelo INSS representava 18% [em 2008] da renda total declarada, ao passo que a renda total das pessoas ocupadas na agropecuária corresponde a apenas 7% daquele total. Mesmo reconhecendo que o grau de subdeclaração das rendas é maior no caso da agricultura, é claro que as aposentadorias e pensões correspondem, hoje, a um montante de rendimentos substancialmente maior. Essa relação mudou muito nas últimas quatro décadas, e vai continuar mudando no futuro. Ressalto que isso não significa que a reforma agrária deva ser descartada. Trata-se, apenas, de reconhecer que sua importância relativa não é a mesma de quarenta anos atrás.[9]

É forçoso reconhecer, no entanto, que será preciso mobilizar muita coragem política por parte de setores governamentais para mudar a lógica que atualmente comanda a política nacional de reforma agrária, especialmente devido à influência do MST sobre o órgão responsável pelo encaminhamento dessa política e sua execução. Saliente-se, por exemplo, nem que seja como uma curiosidade que teria implicações no longo prazo, que o atual presidente do Incra foi recrutado por João Pedro Stedile, no início dos anos 1980. Foi o grupo que fundou uma pequena ONG que ainda existe em Porto Alegre (cujo nome é Camp), onde foi forjado o embrião do futuro Movimento

---

9 Hoffmann, Desafio de uma geração, *O Globo*, 27/12/2009.

dos Trabalhadores Rurais Sem Terra, um detalhe que talvez possa ser revelador das relações contaminadas que existem entre a ação governamental e certos setores sociais. Se não for modificada, a atual política nacional persistirá como um surrealismo institucional que desperdiça grosseiramente recursos públicos, movida apenas pela inércia de uma ilógica leitura sobre as realidades agrárias e pelo corporativismo sindical interessado nessa ordem das coisas.

Como pano de fundo desse quadro desalentador, cita-se ainda o desempenho produtivo insignificante e a persistente evasão de beneficiários assentados nos últimos quinze anos, quando o Programa Nacional de Reforma Agrária realmente entrou em cena. Até os nossos dias inexiste, por mais incrível que possa parecer, uma avaliação nacional merecedora de crédito sobre os assentamentos rurais, a qual pudesse informar sobre um sem-número de indicadores, sociais, econômicos e tecnológicos. Nos anos mais recentes, apenas estudos de caso encomendados pelo governo federal ou, então, o resultado de pesquisas ocasionais de pesquisadores universitários produziram algumas luzes sobre assentamentos específicos em algumas regiões. Lamentavelmente, muitos desses estudos são visivelmente orientados por ilações ideológicas e oferecem conclusões definidas *ex ante* sobre o desempenho global dessas áreas, em particular quando o assentamento tem uma presença expressiva do MST. Por outro lado, o Censo Agropecuário lançado em 2009, surpreendentemente, não produziu nenhuma informação relevante sobre o tema, por conta de suas falhas metodológicas. Com algum espanto, o Censo não registra aproximadamente 800 mil famílias (sic) em seus números, quando é feita a comparação dos dados censitários com os dados divulgados pelo Incra.

Em relação aos resultados produtivos dos assentamentos, que também não são conhecidos, talvez apenas uma comparação estatística possa ser suficiente para estimular uma reflexão sobre a adequação de tal política no Brasil: durante o período 1995-2008 aproximadamente 80 milhões de hectares foram desapropriados ou adquiridos para fins de reforma agrária (uma área correspondente a 1,5 a área total da França), onde atualmente se estima existirem 8.360 assentamentos ocupados por uma população aproximada de

920 mil famílias (de acordo com os dados oficiais). Contudo, a produção agrícola dessa enorme área correspondente a aproximados 9% do total do território nacional é praticamente irrelevante em quase todo o país, o que produz um chocante contraste *vis-à-vis* a pujante produção da agricultura comercial (que inclui produtores de todos os tamanhos e escalas). Esse último grupo ocupa praticamente a mesma área, mas sua produção atende completamente o mercado interno e produz riquezas inigualáveis para o país, através da exportação. É comparação que denuncia, sem nenhuma dúvida, o rotundo fracasso da reforma agrária brasileira e a incúria inominável representada por tão inacreditável desperdício de recursos públicos.

A melhor pesquisa sobre a evasão de beneficiários do Programa é a dissertação de mestrado, não publicada, de Paulo Freire Mello.[10] Sua investigação demonstra que a desistência dos assentados em manter-se no lote designado revela uma correlação inversa com o grau de coesão social existente no assentamento e muito pouca relação com as condições materiais existentes no local. Esse é resultado algo desastroso para a agenda política do MST, porque a organização recruta trabalhadores sem-terra, principalmente, a partir de uma premissa ideológica de estrita lealdade política ao movimento e suas orientações políticas gerais, inclusive aquelas anticapitalistas. As origens sociais e as redes anteriores daqueles recrutados são critérios irrelevantes para a organização. Como resultado, pode-se afirmar que a presença controladora do MST em muitos assentamentos é um fator que, de fato, estimula a evasão das famílias rurais mais pobres, que se sentem alienadas em relação ao "grande discurso" proposto pelos líderes do movimento, muito distante das necessidades sociais dos beneficiários.

Mas não é tudo. Um dos mais intrigantes estudos sobre a reforma agrária foi a pesquisa realizada por Vicente Azevedo Marques.[11] Funcionário do Incra, analisou os custos de viabilização do acesso à terra segundo dois mecanismos que estudou: o previsto na lei, quando

---

10 Mello, *Evasão e rotatividade em assentamentos rurais no Rio Grande do Sul*.
11 Marques, *Aspectos orçamentários e financeiros da reforma agrária no Brasil (2000-2005)*.

uma propriedade é desapropriada e, até que o novo assentamento finalmente saia do papel, existem diversos passos intermediários a serem preenchidos; e existe a segunda via, que é mais ágil, pois se refere à aquisição de novas terras para o Programa Nacional. Seu trabalho demonstrou que a segunda rota é significativamente mais barata (além de expedita) para a arrecadação de terras e logo foi se tornando a via favorita do governo federal para manter o programa em funcionamento. Seu estudo também revelou que a reforma agrária brasileira, de fato, *não é um processo de transferência de direitos de propriedade* (o que seria o pressuposto de qualquer programa do gênero), mas não passa de uma ação de aquisição de terras pelo governo federal. Mais ainda: se forem comparados os custos da compra de terras com um terceiro mecanismo que o autor preferiu não pesquisar, os resultados são ainda mais constrangedores para a lógica atual do programa em andamento. Diversos outros estudos pesquisaram a chamada "reforma agrária negociada" (ou, como preferem os críticos, a "reforma agrária de mercado"), mecanismo fortemente atacado por aqueles que exaltam a ação estatal e julgam que somente deveria existir a via da desapropriação de terras. Essa terceira rota, proposta pelo Banco Mundial anos atrás, é ainda (significativamente) mais barata, assim tornando o acesso à terra pela desapropriação, de fato, uma política completamente irracional (e, por extensão, a "lógica geral" do Programa Nacional, inclusive a estrutura burocrática que lhe corresponde). Diante das implicações políticas, contudo, as autoridades brasileiras não parecem preparadas para reconhecer essas diferenças de cursos possíveis e promover as mudanças necessárias, insistindo, sempre que possível, com o mais caro (e burocraticamente complexo) mecanismo de arrecadação de terras.

(13) *O maior déficit político:* qual é a legitimidade real do MST? Certamente, ninguém saberia responder a essa pergunta, embora alguns tantos apregoem a sua existência. Seus líderes presumidos foram escolhidos por quem e onde?[12] Foram eleitos em um espaço

---

12 Os congressos nacionais do MST, desde o primeiro (em Curitiba, no ano de 1985) ao quinto e mais recente (realizado na cidade de Brasília, em 2007), são

público, como esperado em qualquer ordem democrática consolidada? Sem legitimidade política e com a persistente recusa da organização para discutir abertamente, aperfeiçoando suas demandas públicas e formas de luta, por que deveria a sociedade se curvar às regulares tentativas de imposição política anunciadas por seus líderes? Não sendo uma organização de membros regulares, qual é a base social do movimento? Seus membros, sejam militantes ou simpatizantes, são seguidores voluntários porque acreditam e confiam no MST ou porque, de fato, não têm outras escolhas, depois de serem recrutados e alocados em assentamentos controlados pelo movimento, onde a organização administra recursos (que são públicos) e seleciona os assentados a serem favorecidos, assim como os seus militantes? É um fato desafortunado que até aqui o movimento não se interessou por tais temas, menos ainda ofereceu respostas convincentes a esses embaraçosos aspectos de sua existência política.

Não é o caso aqui de listar as mais corriqueiras práticas políticas deletérias ou analisar os mais emblemáticos processos sociais nos assentamentos sob o controle do MST. Mas é promissor observar que (finalmente) uma parte crescente da literatura assinada por cientistas sociais brasileiros gradualmente apresenta independência analítica e começa a produzir evidências empíricas confiáveis. Desde que escrevi um relatório de pesquisa na primeira metade dos anos 1990 (nunca publicado, embora lido por muitos colegas dos círculos acadêmicos), quando se discutiu a trajetória do primeiro assentamento rural brasileiro onde o MST tentou impor uma organização coletiva de produção, em anos recentes os resultados de pesquisa resultantes de investigações rigorosas e independentes começam a se avolumar.

(14) *A principal pergunta ainda não respondida:* é uma indecifrável charada que as autoridades brasileiras jamais tenham citado o tema da institucionalização e a democratização do MST. Se a organização

---

apenas eventos para efeitos públicos e, de fato, nada deliberam, pelo menos sobre qualquer item mais relevante. É relevante notar que ao final do último congresso, o manifesto lançado evidenciou as dificuldades ora experimentadas pelo movimento: do total de "dezoito demandas" listadas, apenas três delas se referiam à reforma agrária e temas correlatos.

sobrevive atualmente, sobretudo com os fundos da sociedade que o Estado transfere, seria um direito do Estado, se não o seu dever, exigir que aquelas mudanças fossem processadas, ainda que fosse apenas para que a organização prestasse contas de suas ações. Os requerimentos de transparência e publicização são rotineiramente exigidos de *todos* os atores políticos, mas, estranhamente, apenas ao MST é permitido permanecer fora dos constrangimentos legais do sistema político. Se o movimento recusa os preceitos democráticos, por causa do fetichismo ideológico que inspirou sua fundação (quase trinta anos passados, ainda no contexto do regime militar!), somente o Estado pode forçar essa mudança, integrando o movimento ao sistema político — e com todas as implicações no tocante aos seus direitos, mas também aos seus deveres.

Essa pressão política sobre o movimento é não apenas lógica, mas necessária e desejável, pois pode prevenir a degradação da organização. Atualmente encurralado pelos desenvolvimentos observados e já citados, seus líderes poderão ser seduzidos a endurecer suas diretrizes e lançar mão de recursos ainda mais aventureiros e irracionais em diferentes partes do país. Depois de tantos anos de existência, a riqueza política acumulada pelo MST, por outro lado, não deveria ser desperdiçada, se confrontado com a possibilidade de se transformar em um grupo marginal e irrelevante. Não obstante seus óbvios erros políticos e sua estrutura interna autoritária, o movimento tem contribuído expressivamente para a democratização das relações sociais nas áreas rurais e seria lamentável que seu denso capital político não existisse mais para ampliar os debates públicos sobre o destino do mundo rural brasileiro. A legalização do MST seria um passo relevante para aperfeiçoar ainda mais os processos de democratização das regiões rurais.

(15) *O resultado principal e mais relevante do MST*: na realidade, a maior vitória do MST ao longo desses anos não é conseguir manter viva a ideia da reforma agrária na agenda política nacional, ainda que sob o crescente desinteresse da maioria dos brasileiros. O resultado mais relevante e destacado é outro e essencialmente político. Ou seja, desmantelar a antiga correlação de forças vigente nas áreas rurais,

sintetizada no poder incontrastável dos grandes proprietários de terra. Esse é um triunfo inquestionável que pode ser simbolizado por um fato, igualmente inquestionável: não existe mais no Brasil uma única propriedade rural totalmente protegida, caso o MST decida conquistá-la. Com o processo de democratização, a ação da Justiça se tornou mais tolerante e a consequente ação policial, mais suavizada, sem qualquer semelhança com o passado de violência rural que foi um das marcas políticas da história brasileira. Sob tais circunstâncias, a organização pode invadir a propriedade rural que desejar, com alta probabilidade de assegurar a sua "conquista", bastando ser capaz de manter a pressão reiteradamente.[13]

Mas há uma trágica ironia em relação a esse resultado histórico. Essa decisiva reviravolta política no campo ocorreu quando a demanda por terra está diminuindo muito rapidamente em todas as regiões rurais, erodida pela urbanização. O resultado é uma vitória de Pirro: quando a reforma agrária se torna viável no Brasil, a sua

---

13 Uma reveladora ilustração sobre a confusão reinante entre os poderes institucionais no Brasil, e que ilumina como a Justiça se tornou mais tolerante, mas também se arriscando em particularismos, é a espantosa entrevista oferecida por um promotor público, sediado na cidade paulista de Ribeirão Preto. O município, como se sabe, é localizado no coração da mais importante região produtora de cana-de-açúcar do país, onde existem diversos imóveis rurais que praticam uma agricultura de larga escala – ou seja, simbolizaria o poder do "agronegócio" e do grande capital na agricultura. De acordo com a Constituição brasileira, os promotores gozam de enorme poder legal e devem quase nenhuma obediência a seus superiores. O entrevistado é um ativo promotor, especializado em temas ambientais e, declarando-se "um socialista", insistiu que o Ministério Público é um agente político que promove a Constituição, também separando as "organizações progressistas" das demais, incluindo o MST entre as primeiras. Quando perguntado se a reforma agrária estaria entre as suas atribuições, respondeu que "o papel do Ministério Público é claro: defender a função social da terra e o direito difuso à reforma agrária, usando os instrumentos jurídicos da Constituição e as diversas leis existentes para tal finalidade, também realizando alianças com setores da sociedade civil, com os mesmos propósitos" (ver Goulart, Temos de fazer a reforma agrária que o governo não fez, *Folha de S.Paulo*, 21/12/2009). A despeito da crescente literatura sobre a "judicialização da política", a confusão aqui é clara: reforma agrária é uma política decidida pelo governo e espera-se que o Judiciário apenas fiscalize a sua implantação e funcionamento.

implementação está no limiar da estagnação, porque os potenciais interessados estão abandonando o campo brasileiro.

IV. Conclusões

(16) *E o futuro?* Em nossos dias, o MST se defronta com seu crepúsculo e talvez tenha apenas um caminho à frente, que é a sua institucionalização e democratização interna. Assim se transformaria em uma organização formal com um inequívoco mandato em favor dos mais pobres do campo. Se mantiver sua atual estrutura e racionalidade política, apenas acentuará a sua lenta agonia. O MST nasceu para demandar o acesso à terra para os segmentos sociais rurais mais desfavorecidos, mas esta é política que está passando.[14] Em recente entrevista, seu principal líder apontou essas dificuldades políticas atuais, ressaltando que

> estamos passando por um momento de reflexão, pensando sobre um novo modelo que possa ser posto em prática. Nos anos setenta

---

14 O próprio Stedile reconheceu o impasse experimentado atualmente pela reforma agrária brasileira. Insistindo em sua irredutível postura anticapitalista, sugere que "somente a derrota do neoliberalismo criará condições para a reforma agrária no Brasil" (ver sua entrevista publicada em *Época*, 2/7/2007). Em outra entrevista, afirmou não existir "mais espaço para uma reforma agrária clássica", ainda insistindo, como surpreendente desassombro, que seria "uma reforma agrária popular" (*Brasil de Fato*, 13/8/2010). Restaria saber qual seria a fonte social dessa política, com o campo brasileiro esvaziado em termos demográficos. Seria improvável visão mais ideologizada e politicamente inócua. Outro líder nacional do MST, Gilmar Mauro (um seguidor de Stedile), ecoa essa visão, ao afirmar que a noção clássica de uma reforma agrária redistributiva fracassou no Brasil e uma "nova reforma agrária" proposta pelo MST deve ser "ambientalmente apropriada", produzindo alimentos saudáveis e matérias-primas. Em síntese, um modelo para integrar economicamente os pequenos produtores aos mercados. É um objetivo político, portanto, muito distante de uma orientação que se opõe ao regime societário dominante, o que amplifica, ainda mais, as contradições de uma organização perdida e sem nenhuma estratégia. Sua entrevista pode ser lida em: <http://www1.folha.uol.com.br/folha/brasil/ult96u491141.shtml> [acesso em: 17/10/2009].

e oitenta bastava ocupar terras para ter o apoio social que produzia pressão política. Hoje em dia as ocupações não produzem mais aliados para o nosso lado. Portanto, não nos interessa mais. Estamos procurando novas alternativas para trazer aliados para o nosso lado. E a forma mais compatível até aqui é uma aliança com os trabalhadores urbanos.

Embora uma referência feita de passagem,[15] se trata de uma reviravolta iluminadora porque as lutas sociais dos mais pobres do campo têm sido historicamente ancoradas nas invasões de terra, tanto no Brasil como em outros países. Rebaixar essa forma de luta que deixaria de ser a arma principal do movimento tem o mesmo significado de abandonar as greves como uma forma de pressão dos trabalhadores industriais. Todos aqueles informados sobre a política no Brasil e as possibilidades de concretização de uma aliança rural-urbana tão incensada na literatura socialista sabem que essa possível estratégia política está condenada ao fracasso imediato.

A reforma agrária foi implementada pela primeira vez na história brasileira nos últimos quinze anos fundando-se no arcabouço legal existente, mas está claramente atingindo sua exaustão. Em face de conjuntura tão desafiadora, o MST não tem tido êxito em disseminar até aqui a sua nova agenda ("guerra à ciência, guerra à agricultura moderna e guerra à burguesia agrária"). Não sendo uma *boutade*, de fato esse *slogan* reflete os impasses do movimento neste período recente. Uma ilustração empírica é talvez suficiente para demonstrar o vazio político de tais intenções. Uma grande empresa que tem investido em áreas rurais do país, após experimentar algumas tentativas de invasão de suas terras pelo MST, convidou a liderança nacional para uma reunião que permitisse uma troca de ideias e averiguasse a possibilidade de estabelecer alguma forma de colaboração e convivência. Um influente membro da direção nacional esteve presente e foi sua a frase de abertura da reunião,

---

15 Entrevista de João Pedro Stedile para o jornal *Zero Hora*, Porto Alegre, 28/1/2010.

nós não temos nenhum interesse em negociar em torno desta mesa [...] porque somos contra a presença da [firma x] no Brasil. Não é a nossa prática sentar-se com empresários por causa da nossa metodologia [...]. Isto não é pessoal, mas temos uma diferença entre o projeto de vocês e o nosso [...]. Eu estou aqui com o mandato de evitar negociações, mas também para apresentar a nossa perspectiva política e as nossas denúncias sobre o que está ocorrendo [...] (sic).[16]

Como é óbvio, a ameaça do representante do MST é o mais puro *nonsense*, especialmente quando se lembra que a organização, de fato, sequer existe, do ponto de vista legal. A empresa que sentava no outro lado da mesa, por seu turno, é regularmente registrada segundo os imperativos legais, sendo inteiramente responsabilizável não apenas em relação a qualquer aspecto relativo às suas atividades em áreas rurais, mas sob qualquer outro aspecto legal. Seria difícil imaginar diálogo mais surrealista.

Confinada a um *cul-de-sac* político e sob um bloqueio histórico de suas perspectivas futuras, essa tentativa de renovar a agenda de ação demonstra, de fato, um visível desespero político, o que vem sendo comprovado por tantas iniciativas erráticas organizadas em diferentes regiões rurais nos anos mais recentes. São originadas, ou no seu anacronismo organizacional interno abertamente não democrático, ou porque insiste em sua ideologia antimoderna. Se assim persistir, o MST apenas irá acelerar o seu desaparecimento.

V. Anexo: qual o futuro da reforma agrária?[17]

Conflitos sociais decorrentes do controle e uso da terra para fins produtivos registram antecedentes remotos. Não poderia ser diferente

---

16 Por razões óbvias, não podem ser revelados os detalhes sobre essa reunião. Mas o encontro foi gravado e existe uma transcrição.
17 Publicado como o verbete "Reforma agrária". Cf. Di Giovanni; Nogueira (orgs.), *Dicionário de políticas públicas*, 2013, p. 348-351.

nas sociedades do passado, nas quais a agricultura era a principal atividade econômica e modo de vida. Sendo um recurso finito, a redistribuição da terra despontou como tema político somente quando seu acesso foi bloqueado e não havia mais fronteiras de expansão, a sobrevivência dos grupos rurais passando a depender de decisões daqueles que controlavam o patrimônio fundiário. É por essa razão que a reforma agrária, enquanto uma ação estatal, somente surgiu na agenda política quando constituídos os estados, seja nas civilizações de outrora ou, então, sobretudo no período moderno. Assim, não surpreende que o tema tenha surgido com desenvoltura em meados do século passado, coincidindo com a descolonização e a formação de novas nações independentes. Mas foi um tema igualmente impulsionado pela multiplicação de movimentos revolucionários de esquerda que combatiam o poder dos grandes proprietários de terra. Quando combinados, ao derrubarem a velha ordem, impuseram sempre a reforma agrária, como na China ou em Cuba, entre outros. Naquele período, movidos por uma ótica reformista ou revolucionária, difundiu-se uma interpretação acerca dos impactos socioeconômicos e políticos negativos derivados do excessivo controle da terra em poucas mãos.

Especialmente a partir dos anos 1950 e até a década de 1970, este foi o primeiro período, o mais importante, e talvez o único, na história internacional da reforma agrária, ainda que ações de vulto tenham ocorrido anteriormente, como o processo expropriatório que se seguiu à revolução mexicana de 1910, por exemplo, ou o caso, ainda mais emblemático, da revolução russa. Embora sob lógicas muito distintas, como no caso do Japão, onde foi imposta pelos vencedores da guerra, ou então quando foi realizada quase silenciosamente, como na Malásia e outros países asiáticos, o grande teatro da reforma agrária foi, no entanto, a América Latina, embora com resultados modestos. Em quase todos os casos de reformas realizadas naqueles anos, ou pelo menos iniciadas, alguns vetores políticos estiveram presentes na origem, da formação de governos autoritários derivados de golpes de estado à presença de forças políticas de esquerda, que demandavam a redistribuição da propriedade da terra como pressuposto para a emancipação social dos camponeses pobres. No caso latino-americano, um fator recorrente durante esse período ascendente do tema foi também a justificativa de ser essa uma política dinamizadora do mercado interno, tese elaborada muitas vezes com sofisticação por diversos autores. O pensamento cepalino, nas décadas de 1950 e 1960, foi igualmente influente no continente para sustentar teoricamente as propostas de reforma agrária que então vicejaram, as quais romperiam o "dualismo estrutural" que se julgava existir. Específico da região, é também necessário citar o papel da revolução cubana, evento que estimulou alguns governos latino-americanos a avaliar a reforma agrária como fator de amortecimento social em sociedades muito desiguais. Movidos por um ou mais desses fatores, entre outros, ocorreram diversas iniciativas, algumas rapidamente abortadas, da Bolívia (1953) ao Peru (1966), do Chile (a partir de meados dos anos 1960) a Cuba (1959).

No Brasil, mesmo que a necessidade de transformar a estrutura fundiária tenha sido defendida por muitos ainda no século XIX, o tema emergiu vigorosamente apenas a partir da segunda metade da década de 1950, inflamando os debates que anteciparam 1964. Naquele primeiro período, as reivindicações de assalariados rurais, em algumas regiões, e o fenômeno, especialmente nordestino, das Ligas Camponesas, trouxeram à lume o tema e, pela primeira vez, esta foi demanda que ocupou a agenda nacional. Contudo, foi um momento fugaz, pois não prosperou sob o impacto do golpe militar de abril de 1964. Embora nenhuma ação tenha sido implementada, as pressões políticas, no entanto, fizeram nascer naquele mesmo ano o Estatuto da Terra (lei n.4504), o qual instituiu diversas categorias descritivas que ainda são usadas, como módulo rural e os tipos de imóveis rurais (minifúndios, empresas rurais e latifúndios). Além disso, o Estatuto detalhou minuciosamente a lógica de implementação dessa ação governamental. Mas seus preceitos não vingaram e, durante o ciclo militar, apenas 77 mil famílias foram assentadas, normalmente em situações episódicas de maior tensão social.

Com a redemocratização, o tema retornou à cena, embora já tivesse reaparecido no final dos anos 1970, por força, em especial, de ações realizadas pelo movimento sindical de trabalhadores rurais. Em janeiro de 1984 foi formado o MST e, assim, outro ator político também passou a demandar a sua implementação. Durante o processo constituinte (1987/88), intensos esforços foram operados para tirar a reforma agrária do papel. Pouco foi feito, contudo, durante os governos Sarney, Collor e o breve período de Itamar Franco, quando foram assentadas 140 mil famílias, ainda que novas leis facilitassem a sua aplicação, como a transformação em preceito constitucional da função social da terra. Foi apenas a partir do primeiro mandato de Fernando Henrique Cardoso que, de fato, o tema ressurgiu, repercutindo a onda democratizante daqueles anos, a abertura propiciada pelo governo federal e, sem dúvida, as pressões realizadas pelo MST e pela Contag. Assim foi iniciado o segundo capítulo desta política na história brasileira, o qual persiste até os nossos dias.

Durante os quatro mandatos presidenciais, entre 1994 e 2010, foi ampla a ação governamental, e aproximadamente um milhão de famílias foram assentadas até o final de 2009, de acordo com dados oficiais. Uma área estimada em 84 milhões de hectares foi arrecadada para a reforma agrária, o equivalente a 1,5 vezes o tamanho da França. Sua magnitude pode ser evidenciada quando se registra que é área praticamente igual à de toda a área plantada da agricultura brasileira fora do programa. Além disso, os assentamentos (8.562 até o final de 2009) se espalharam pelo país e a realidade da reforma agrária, que fora tema tão candente no passado, aos poucos se tornou rotineira e menos conflituosa. Esse arrefecimento também reflete a redução da influência dos grandes proprietários de terra, em face da radical transformação da estrutura econômica do país.

Recentemente, a reforma agrária brasileira parece estar encontrando crescentes impasses. O mecanismo da desapropriação se torna cada vez menos usado (em face de impedimentos legais) e o governo federal tem recorrido com frequência à aquisição de imóveis, especialmente nos estados do Norte. Entre 1995 e 2008, um em cada quatro dos imóveis destinados à reforma agrária foi arrecadado em apenas dois estados, o Maranhão e o Pará. Dessa forma, a reforma agrária brasileira vem se tornando uma ação regional e, tecnicamente falando, passou a ser uma política principalmente de compra de terras para a formação de novos assentamentos rurais. Além disso, contida pela urbanização, a demanda social efetiva vem diminuindo a cada ano e, dessa forma, é improvável que essa política se mantenha por muitos anos.

Os resultados dos anos recentes de expansão dessa política, em larga medida, são ainda insuficientemente conhecidos. Diversos estudos foram realizados sobre assentamentos, mas a maioria como estudos de caso e inexiste um quadro analítico mais completo, não obstante alguns estudos com maior ambição analítica. Dessa forma, os efeitos positivos, do ponto de vista redistributivo, da reforma agrária são incertos, pois ainda não estudados. Não se conhecem dados abrangentes sobre os níveis de renda, o uso da terra, a inserção mercantil ou o estado geral das famílias rurais assentadas.

Por fim, é relevante citar que a reforma agrária, na história, quase sempre ocorreu sob regimes autoritários, por ser uma transferência de direitos de propriedade forçada e irrecorrível. Com as ondas democratizantes do período contemporâneo, é ato de força que passou a encontrar dificuldades políticas crescentes. Dessa forma, o conjunto desses fatores faz a reforma agrária, cada vez mais, uma política pública do passado. Persistem, contudo, diversos esforços destinados a divisar um segundo momento na história internacional da reforma agrária. Mas é duvidoso que ocorra, senão regionalmente, como em partes da África subsaariana ou em alguns países do Sul da Ásia, pois entramos em uma era onde a maior parte das razões originárias para a implementação dessa política deixou de existir.

Parte 3
E o futuro?

O DRAMA DOS COM-TERRA

Xico Graziano

I. O problema agrário de São Paulo[1]

O grande drama da agricultura paulista não reside nos "sem-terra", mas sim em garantir a sobrevivência dos pequenos e médios agricultores. Estes, que são trabalhadores "com-terra", já produzem em seus sítios há 30, 50 anos ou mais, mas estão sucumbindo na competição do mundo moderno. Qual será seu futuro?

Como propiciar seu avanço tecnológico, para aumentar a produtividade de seus negócios? Como adquirir qualidade para enfrentar os mercados atuais? Como manter a renda e o emprego no campo? Aqui estão os maiores desafios da agricultura paulista.

A base da produção rural é a pequena propriedade. Um levantamento da Secretaria Estadual da Agricultura – o projeto Lupa – mostrou que existem em São Paulo 277.120 unidades rurais produtivas. Desse total, 207 mil são pequenos produtores, com menos de 50 hectares de área. Os médios agricultores, entre 50 e 200 hectares, somam outros 50,5 mil. No conjunto, eles correspondem a 93% dos agricultores, ocupando 42,5% da área agrícola.

---

1 Publicado em *O Estado de S. Paulo* (6/12/1997).

Na outra ponta, apenas 96 grandes propriedades têm acima de 5 mil hectares. Algumas pertencem às usinas de açúcar, outras produzem soja, laranja ou estão ocupadas com gado. Muitas são áreas de reflorestamento. Representam, em geral, grandes empresas rurais, produtivas. Apenas 1,6% das terras de São Paulo estão aproveitadas, sem uso. Outros 5,6% estão ocupados com pastagens pouco produtivas, abaixo de 0,5 cabeça por hectare. Essa ociosidade encontra-se, paradoxalmente, nas pequenas e médias propriedades rurais. Na maioria, advém de pastagens existentes nas regiões montanhosas do Estado, principalmente no Vale do Paraíba e no Sudoeste.

Ao contrário do que muitos pensam, não tem havido concentração da propriedade rural em São Paulo. Em 1950, segundo o IBGE, a área média dos estabelecimentos rurais era de 85,8 hectares. Trinta anos depois, em 1980, tinha caído para 73,8 hectares. Hoje, segundo o Lupa, a área média se mantém em 73 hectares.

O problema agrário de São Paulo não é o acesso à terra, nem a terra improdutiva. A reforma agrária tradicional, distributivista, já aconteceu por aqui. Agora o problema é outro. A questão agrária atual reside na massa de pequenos e médios agricultores que ocupam a terra há anos, mas estão se empobrecendo, vivendo mal, desanimados. Quase esquecidos.

O grande gargalo encontra-se no crédito rural: apenas 14,7% dos agricultores paulistas têm acesso aos financiamentos rurais. Entre os menores de 50 hectares, somente 12,3% recebem créditos para produzir. Na agricultura, como o ciclo de produção é longo, desde o plantio até a colheita, a "alavancagem" financeira é fundamental. Mas isso não está ocorrendo. Como introduzir novas tecnologias?

A assistência técnica continua precária: 39% dos agricultores paulistas não contam com o apoio de profissionais, principalmente agrônomos e veterinários, no auxílio da produção. Das 108 mil propriedades que tocam seus negócios por conta própria, 93% têm menos de 50 hectares. Falta educação também: 83% dos pequenos agricultores não têm nenhuma educação formal.

A análise detalhada da agricultura paulista permite comprovar que já existe uma base de produção suficiente para o desenvolvimento rural. Existe conhecimento tecnológico disponível. Há estradas, armazenagem, energia elétrica. A modernização está avançada: basta dizer que a área média cultivada por trator é de 38,6 hectares, o que é elevado. Para comparação: nos Estados Unidos, esse índice é de 27 hectares por trator.

Esse potencial de produção, entretanto, ficou comprometido com o abandono a que foi submetida a agricultura brasileira nos últimos quinze anos. Ao descaso oficial juntou-se o efeito negativo da inflação elevada, que desestimulou os investimentos em tecnologia. As máquinas foram ficando obsoletas. A agricultura foi se enfraquecendo.

Está na hora de reverter essa situação, impulsionando um novo ciclo de crescimento da agricultura. Dinamizar os agronegócios faz aumentar as exportações, gerando divisas para o país. Produzir alimentos, criar empregos, gerar renda no interior. Fortalecer o campo significa melhorar a cidade.

Nessa retomada, o pequeno e o médio agricultor precisam ocupar o lugar central. Para tanto, sua organização é fundamental. Mas cabe às políticas públicas por meio de subsídios claros e bem definidos, promover seu desenvolvimento. Representam, em todo o país, 4,5 milhões de famílias, todas de trabalhadores "com-terra". É mais coerente mantê-los no campo que cuidar deles na cidade.

Quem pensar que esse raciocínio é anti-histórico, compartilhando a ideia neoliberal do desaparecimento inexorável da pequena propriedade, cuidado. Isso é tão equivocado quanto imaginar que os latifúndios ainda dominam em São Paulo. Ambas são ideias superadas.

II. O desafio da agricultura familiar[2]

Manter o trabalho e a renda dos pequenos agricultores, garantindo-lhes qualidade de vida: esse é o maior desafio da política rural no Brasil. A reforma agrária distributivista está superada, encerrando

---

2 Publicado em *O Estado de S. Paulo* (5/2/2003).

seu ciclo histórico. Durante 50 anos, dominou a problemática dos "sem-terra". Agora, o centro da questão agrária está nos "com-terra". Milhões de pequenos agricultores, em todo o mundo, sofrem o drama da sobrevivência. Os mercados globalizados e a tecnologia ditam regras impeditivas à organização tradicional no campo. Na França ou nos Estados Unidos, embora com modelos diferentes de agricultura, a situação é semelhante: verifica-se, nos últimos vinte anos, forte redução na quantidade de agricultores e o subsequente aumento na escala de produção.

Esse fenômeno, felizmente, não se manifesta cabalmente por aqui. As estatísticas mostram que a pequena produção persiste no campo, convivendo ao lado das grandes empresas rurais. O mecanismo da herança familiar contrapõe-se à força da concentração fundiária e o pequeno agricultor, talvez até pela falta de melhor alternativa, continua a saga de sua existência. Até quando?

Segundo estudo da FAO/Incra, existem 4,14 milhões de agricultores familiares no país. Esse enorme contingente de trabalhadores "com-terra" detém 30,5% da área e gera 38% do valor da produção rural. Ocupa 77% da mão de obra no campo, somando 13,8 milhões de pessoas, metade delas no Nordeste. Este é o perfil geral da agricultura familiar no país. Fora os novos agricultores assentados da reforma agrária.

Aqui reside o desafio do futuro: garantir a permanência desses produtores. Para evitar o êxodo rural, entretanto, será necessário urbanizar o campo, levando cidadania aos agricultores, vida digna, educação, saúde. Como chegar lá? Primeiro, enfrentando o jogo da política. Enquanto a sociedade e a mídia continuarem polarizadas pelas invasões de "sem-terra", estará perdendo precioso tempo na luta a favor dos "com-terra". A luta ideológica conduzida pelo MST distrai o foco da verdadeira batalha. A aspiração dos agricultores familiares, suas necessidades reais, submerge no maniqueísmo ridículo que contaminou o debate sobre a questão da terra.

A reforma agrária ou se transforma num processo planejado, ou continuará destinada ao fracasso, mesmo travestida de ação social. Não se fazem agricultores assentando invasores de terras: o mundo rural exige qualificação adequada, aptidão. Se alguém duvida, que pergunte aos milhões de agricultores tradicionais, que estão na lide há séculos. Chega de vender ilusão.

Segundo, para fortalecer os pequenos produtores rurais, carece decidida política de Estado. O Programa Nacional de Fortalecimento da Agricultura Familiar (Pronaf), implantado pelo governo Fernando Henrique Cardoso, deve ser radicalizado, ultrapassando seu viés financeiro e adentrando a luta pelo conhecimento, que leva à verdadeira emancipação. O crédito rural, mal utilizado, pode aumentar a dependência dos agricultores, endividando-os, mantendo uma espécie de clientelismo nas agências do capital. A motivação dos pequenos produtores, através da tecnologia e da organização rural, oferece o conteúdo de uma nova assistência técnica. Isso formata uma política de desenvolvimento rural, acoplada à política econômica.

Essa tarefa, a da organização, depende dos próprios agricultores. Somente a consciência crítica sobre sua realidade, nos marcos concretos da economia globalizada, pode induzir os produtores a buscarem formas solidárias de atuação, principalmente na comercialização de seus produtos. A tecnologia e os mercados, aparentemente próprios dos grandes capitais, podem muito bem servir aos pequenos. Pequenos, agrupados, viram grandes!

Terceiro, qualquer política de desenvolvimento rural precisa considerar que, hoje, o rural é maior que o agrícola ou o pecuário. As imensas oportunidades de negócio oferecidas pelo turismo rural e ecológico, o lazer no campo, surgem como valiosas alternativas de renda e emprego. Mais que agricultura, o mundo rural envolve crescentemente atividades de natureza variada nos pequenos municípios, chamados de urbanos pelo IBGE, porém eminentemente dependentes da dinâmica do campo. São essas "cidades-rurais", milhares delas, com seus distritos e povoados, que multiplicam a renda e agregam as comunidades do interior do país.

Por último, um quesito fundamental. Uma política para a agricultura familiar precisa estar diferenciada conforme o público-alvo. Não há maior pecado na economia rural que desprezar a complexidade do mundo agrário, com seus múltiplos agroecossistemas, suas enormes disparidades regionais.

Dos agricultores familiares, 46% são muito pobres, produzindo para autoconsumo com baixíssima produtividade. Representam, segundo a FAO/Incra, 1,9 milhão de pequenos produtores. Distante do mercado, tal segmento nada se assemelha ao grupo de elite, formado por 400 mil agricultores eficientes, inseridos na economia. Na parcela intermediária encontram-se os agricultores em transição, subindo ou descendo a ladeira do progresso.

Será um equívoco imaginar uma única política de desenvolvimento rural. Os "pobres rurais" exigem políticas sociais compensatórias, como a renda rural mínima. Aos outros, capitalizados, basta que se organizem melhor.

Aqueles próximos a mercados precisam de apoio na venda de seus produtos. Enfim, a tecnologia não é panaceia. Os preços, não sendo remuneradores, refreiam o avanço tecnológico. Mais ainda: a equação dos pequenos agricultores não se resolve apenas na economia. Claro que almejam o progresso. Mais que riqueza, porém, querem eles respeito. Essa é sua maior necessidade: salvar seu modo de vida.

III. Classe média rural[3]

Quando o Estatuto da Terra foi aprovado, em 1964, uma ideia econômica o amparava: era necessário favorecer, por meio da reforma agrária, o mercado interno no campo. Mas havia, também, uma esperta jogada política: entregar os anéis para não perder os dedos.

Na linguagem popular, esse era o significado da Aliança para o Progresso, doutrina de política externa formulada pelos EUA na época. Temerosos com a expansão da revolução cubana (1959), os gringos recomendavam reformas na estrutura agrária concentrada da América Latina.

O distributivismo agrário, ao combater o latifúndio, era, por certo, progressista. O seu intuito, todavia, favorecia a expansão do

---

3 Publicado em *O Estado de S. Paulo* (13/12/2011).

capitalismo no campo. Com aspirações consumistas, a classe dos novos proprietários frearia a revolução comunista que se desenhava.

Por essa razão, ideológica, os militares, ao darem o golpe em 1964, capturaram a tese da reforma agrária. Num lance sensacional de estratégia política, comandado por Castello Branco, o Estatuto da Terra recebeu amplo apoio no Congresso Nacional.

Foi aprovada uma "solução democrática" contra a perigosa "opção socialista". A História pregou uma peça na esquerda. A desejada modernização da agropecuária brasileira acabou dispensando a reforma agrária, substituindo-a pelo avanço tecnológico. Com ele o latifúndio se modernizou, elevou a produtividade, virou empresa rural.

Esquecida em seu sentido econômico, a reforma agrária retornou à baila dos anos 1990. Trocou de veste para se transformar na mais onerosa e ineficiente das políticas sociais. Impulsionada pelas invasões de terras e realizada sem nenhum planejamento, desgraçadamente levou os assentamentos a concentrarem a miséria, não o progresso rural. Fora as exceções.

Nada, porém, impediu o avanço do campo. O dinamismo brotou entre os pequenos e médios agricultores familiares, os trabalhadores com terra do Brasil. Um somatório de fatores possibilitou ao produtor tradicional trocar a enxada pelo trator: o crédito rural, a pesquisa agropecuária, a gôndola do supermercado.

Os velhos sitiantes encontraram no cooperativismo sua força e no mercado, seu desafio. Na marra, viraram empreendedores. Parte deles rompeu o núcleo familiar e subiu o Brasil para cultivar o Cerrado. Uma verdadeira epopeia, semelhante à conquista do oeste norte-americano, configurou essa magnífica trajetória dos agricultores sulinos e paulistas rumo ao oeste baiano, ao sudoeste goiano, ao nortão mato-grossense, ao sul maranhense. Ninguém, há 30 anos, poderia imaginar tal transformação produtiva.

Nas regiões de agricultura mais consolidada do Sul-Sudeste, as modernas cooperativas passaram a dominar a roça. No Triângulo Mineiro ou na Zona da Mata, no norte ou na serra capixaba, no Paraná e em Santa Catarina, em Mato Grosso do Sul, por onde se anda se encontra uma nova geração de produtores rurais, mais jovens, mais competentes, mais conscientes. E mais ricos.

O impressionante salto da genética e do manejo animal demorou, na pecuária, apenas quinze anos para tornar o país o maior produtor de carnes do mundo. Na fruticultura tropical, no café de qualidade, nas flores e plantas ornamentais, na aquicultura nordestina, importantes personagens do espaço agrário surgiram. E brilharam.

Engana-se redondamente quem pensa que a modernização agrícola favoreceu somente os grandes capitais. No mundo do agronegócio a tecnologia supera o tamanho. Milhares de agricultores tradicionais, com área reduzida e gestão familiar de seus sítios, elevaram sua produtividade e progrediram na vida, integrando-se aos nascentes mercados. O caipirismo globalizou-se.

Carlos Ganzirolli, estudioso da Organização das Nações Unidas para Agricultura e Alimentação (FAO) nas questões agrárias, atesta que 53,7% dos agricultores familiares no Brasil se vinculam fortemente ao mercado, mantendo elevada renda média. Cerca de 40% do valor bruto da produção familiar no campo se origina nesse segmento, formado por 1,4 milhão de pequenos e médios agricultores.

A nova classe média rural, que investiu no conhecimento, prova que inexiste oposição entre ser familiar e participar dos agronegócios. Operadores de máquinas, técnicos agrícolas, prestadores de serviços, vendedores de produtos, variadas categorias sociais surgiram e cresceram pelo interior afora. Vá conferir o dinamismo em Rondonópolis (MT), Rio Verde (GO), Balsas (MA), Barreiras (BA), Linhares (ES), Dourados (MS), Concórdia (SC), Cascavel (PR), Palmas (TO). Quando o campo se aquece, esquenta junto a cidade.

Há, ainda, muita pobreza no campo, particularmente no bolsão do Semiárido nordestino. Mas, desde 1993, quando chegou a aposentadoria integral para os trabalhadores da roça, essa situação começou a mudar. Vigorosas políticas públicas aliaram-se aos estímulos da economia para vencer a miséria rural. Em 1995 começou a operar o bem-sucedido Pronaf. Logo depois vieram as transferências de renda, hoje Bolsa Família.

Aumentou a escolaridade, os salários subiram. Após 15 anos, operando com a economia estabilizada, é visível, alhures, a ascensão social dos mais pobres. FHC, ao escrever recentemente sobre a classe média e a política, resvalou num ponto essencial da moderna democracia: o fim do clientelismo.

As categorias sociais que começam a vigorar no campo, como as da cidade, rompem antigos laços de dominação que lhes roubavam o livre-arbítrio e, no fundo, perpetuavam sua desgraça.

Isto é o que de mais extraordinário ocorre hoje no campo brasileiro: o progresso material está puxando a emancipação das pessoas. Contra a manipulação política se impõe a dignidade humana.

IV. A imagem da agricultura[4]

Se alguém me perguntasse qual é o maior problema da nossa agricultura, eu responderia sem pestanejar: sua imagem negativa e deformada. A sociedade urbana-industrial, por uma série de razões que apontarei adiante, vem tratando a atividade rural com menosprezo e certo preconceito. Eis aqui a questão fundamental.

Os demais problemas, relacionados ao financiamento rural, assistência técnica, infraestrutura, competição externa, enfim, à chamada política agrícola, se originam na falta de apoio que o setor recebe da sociedade brasileira. A maioria dos governantes e parlamentares, a mídia, as entidades civis e a opinião pública em geral, de uma maneira ou de outra, desconhecem ou desconsideram a importância do complexo rural na dinâmica da economia brasileira.

Dessa visão distorcida decorre a fragilização do setor agropecuário, distanciando-o das decisões maiores da política econômica do país. Claramente, a imagem negativa da agricultura a enfraquece politicamente, retirando do setor o necessário respaldo para suas justas demandas. Sem apoio na sociedade, inexpressiva no jogo político, marginalizada pelos governos, a agricultura capenga sua própria sorte.

Isso vem ocorrendo há algum tempo no Brasil. Desde os anos 1950, com início da industrialização – o sonho desenvolvimentista

---

4 Publicado em Graziano, *O paradoxo agrário*, 2000, p.11-19.

de JK –, o setor agropecuário foi perdendo sua preponderância na economia. Porém, a força política da oligarquia rural continuou a se manifestar nos governos populistas até 1964. Depois, no regime autoritário, a oligarquia rural ainda conseguia penetrar nos meandros do poder, negociando vantagens para o setor agrícola, especialmente no açúcar, café e cacau. Bastava conhecer os subterrâneos do regime para, com a economia controlada, obter benefícios da política governamental.

Isso mudou, para melhor, com a redemocratização e a abertura da economia. As decisões governamentais passaram a ter maior transparência. Agora, na democracia plena e com o mundo globalizado, é a força política dos segmentos sociais que determina sua maior ou menor participação na agenda decisória do país. Fazer política, portanto, passou a ser um imperativo da democracia.

A grande questão, um desafio, é que o setor agropecuário ainda engatinha no aprendizado desse novo processo político. As velhas lideranças da agricultura ficaram ultrapassadas no discurso e na prática política. Somente agora o setor percebe que, afora a demagogia e o conchavismo, não há política eficaz sem respaldo popular. Este é o problema básico da agricultura: conquistar democraticamente apoio político para suas reivindicações.

Ter imagem positiva perante a opinião pública é fundamental. Esse é o segredo da agricultura europeia, onde a sociedade valoriza e defende o produtor rural, sabendo que sua permanência na terra é condição fundamental para a segurança alimentar. Mais que isso, manter a população no campo significa menos disputa por emprego na cidade. Na Europa, bem como nos EUA, quem protege o campo é a cidade.

Infelizmente, aqui ocorre quase o contrário. Ao invés de defender, a urbe desdenha o campo. Às vezes, o massacra. O preconceito urbano continua impingindo ao homem rural o estigma de caipira, quase um disfarce para não considerá-lo ignorante ou atrasado. Pior que isso, imputa ao trabalhador rural uma condição de inferioridade na escala social. É lamentável.

Nunca me conformei com a imagem distorcida com a qual o mundo urbano olha o campo, enxergando-o como local do atraso.

Parece que tudo que é moderno está só na cidade. É incrível: a sociedade brasileira se urbanizou em 30 anos, criando megalópoles fantásticas. Tudo isso somente foi possível devido às enormes transformações ocorridas na base técnica da produção agropecuária. O aumento da produtividade do trabalho foi imenso; cada vez menos gente no campo alimentando mais gente nas cidades.

Entretanto, longe de reconhecer a contribuição da agricultura para o desenvolvimento brasileiro, valorizando sua performance, a opinião pública mantém uma imagem negativa do meio rural. Essa imagem, fortemente influenciada pelo passado, turvou-se mais ainda no presente devido à radicalização da luta pela reforma agrária. De três anos para cá, só sai notícia ruim sobre o campo.

Pude perceber com clareza essa questão na rotina de meu trabalho, quando ocupei a Secretaria da Agricultura de São Paulo, entre 1996 e 1998. Para começar, nunca foi fácil sensibilizar a área financeira do governo para a importância dos projetos ligados ao setor. Os economistas, salvo exceções, não conseguem entender que, na agricultura, existem épocas definidas pelas estações do ano para plantar, criar e colher. Quer dizer, ou as decisões de governo são tomadas na hora certa, ou as medidas perdem sua razão.

Na definição das prioridades de governo, a agricultura quase sempre desaparece sob os argumentos, invariavelmente baseados em pesquisas de opinião, que destacam a preocupação popular com os assuntos da segurança pública, da saúde, da educação, do saneamento. É uma espécie de "ditadura do *marketing*". Como não falta alimento para a população – ainda bem! – e a maioria reside nas cidades, nunca aparece com destaque nas pesquisas as questões ligadas ao campo. Resultado: a agricultura não parece importante.

No trato com a imprensa, cansei de escutar jornalista perguntando, sempre, sobre os problemas da agricultura. Nunca perguntam sobre coisa boa. Procuram notícia ruim. Em geral, aliás, os grandes veículos de opinião pouco publicam matérias sobre assuntos rurais. Afora as revistas especializadas, que circulam no próprio setor, raramente se fala dos agronegócios na mídia nacional. Quando sai notícia sobre agricultura, fala-se de problemas, dificuldades, crises. Só coisa negativa!

A visão de que a agricultura é um local de problemas é terrível para o setor. Por isso, na Secretaria da Agricultura trabalhei sob um lema, que se tornou conhecido: "Agricultura não é problema, é solução". Agricultura gera empregos, produz comida, garante renda, segura a balança comercial do país. Sobre esses benefícios sociais e econômicos precisa ser construída a nova imagem da agricultura.

Sem alterar essa situação, as medidas propostas para fortalecer o setor rural acabam aparecendo aos olhos da opinião pública como benesse, privilégio. Ou então, provoca indiferença, causa desdém. Sem a compreensão e o apoio popular, o setor fica entregue à própria sorte. Desorganizado, ficará mais enfraquecido.

Minha tese é muito clara: enquanto a agricultura não receber a devida valorização social e passar a ser entendida como um caminho para o desenvolvimento brasileiro, continuará inexistindo uma verdadeira política agrícola, capaz de manter a renda e o emprego rural. Em outras palavras: ou o setor agropecuário consegue mudar a imagem que a sociedade tem dele, ou continuará reclamando da falta de uma política agrícola séria e duradoura.

Quais as razões que levam a sociedade brasileira a menosprezar, a quase esquecer sua agricultura? Por que, ao contrário dos demais países desenvolvidos, nosso setor rural é tão marginalizado, tratado de forma preconceituosa?

A primeira explicação é histórica. O Brasil iniciou sua agricultura com o latifúndio. Primeiro da cana-de-açúcar, do cacau e depois do café. O latifúndio e a escravatura, esta reinventada pelos descobridores na ocupação da América, marcaram negativamente a forma de produzir no campo. Passado o período colonial, a grande propriedade continuou sendo o traço marcante do meio rural, carregando consigo a imagem negativa dos coronéis do sertão.

Mais tarde, no período desenvolvimentista dos anos 1950, ao latifúndio e ao imperialismo foram imputados todo o mal que freava o progresso da nação. Essa carga pejorativa incidente sobre o meio rural permanece até hoje na consciência coletiva. Embora a agricultura brasileira tenha se modernizado, transformando os latifúndios em empresas rurais produtivas, capazes de alimentar as massas urbanas aglomeradas nas metrópoles, a imagem do passado persiste no presente.

A segunda explicação está ligada à inflação. Nos últimos 25 anos, o Brasil passou por um período de instabilidade de preços único no mundo. Todos os setores da economia sofreram com o processo inflacionário. Na agricultura, entretanto, verificou-se uma particularidade terrível, causadora de enorme deformação. Trata-se do patrimonialismo.

Quando a inflação é elevada, o que importa para quem tem recursos é se defender desse fantasma. No Brasil, nunca existiu nada melhor para se defender da inflação do que comprar terra, aguardar sua valorização, especular com a terra. Durante décadas, ser proprietário de grandes extensões territoriais era mais importante que produzir no campo. Resultado: a agricultura brasileira virou uma agricultura de patrimônio, de especulação.

Nesse contexto, não se distinguia o proprietário do verdadeiro produtor rural. O investimento em tecnologia era menosprezado, sobrepujado pela reserva e capital em terra. O resultado foi que a agricultura profissional, baseada na agronomia moderna desde os anos 1970, continuou muitos anos amordaçada pelo sistema oligárquico, realimentado pela elevada inflação. A imagem da agricultura ficou vinculada ao especulador.

A terceira explicação envolve uma razão cultural. O Brasil, em pouco tempo, transitou de uma sociedade agrária para uma sociedade industrializada e urbana. Em todo o mundo, os países que passaram por essa transformação demoraram 100 anos para mudar. Aqui demorou menos de 30 anos, entre 1950 e 1980, quando se observou um êxodo rural violento, inchando as cidades.

Rapidamente, os valores urbano-industriais passaram a ter uma predominância absoluta na sociedade. Na região Sudeste, principalmente, o sonho da industrialização contaminou todas as camadas sociais. Isso provocou uma inversão de valores muito rápida, que depôs contra o campo. A agricultura virou sinônimo de passado. O moderno estava na cidade, na indústria. A imagem rural ficou relacionada com o atraso.

A quarta explicação, que sustenta a maneira discriminada com a qual se enxerga a agricultura no país, é de ordem ecológica. Antes de tudo, o desmatamento. A opinião pública não aceita o desmatamento provocado pela agricultura. E o Brasil ainda está incorporando fronteiras agrícolas – e, portanto, derrubando florestas e cerrados – numa época em que a consciência ecológica é forte, própria da civilização pós-industrial.

Antes, desmatar era sinônimo de progresso. Assim foi a história dos países do Primeiro Mundo, desenvolvidos. Há um século a base de suas agriculturas foi consolidada, encerrando o ciclo do desbravamento. No Brasil, ainda permanecem áreas florestais nativas imensas, propícias à produção rural. Mas, certo ou errado, hoje desmatar significa depredação ambiental. Quer dizer, a expansão da produção rural aparece como uma agressão ecológica.

O uso descuidado de agrotóxicos, que intoxica trabalhadores rurais, contamina os ecossistemas e desequilibra as pragas e doenças, é outra questão que afeta negativamente a imagem da atividade agropecuária. A erosão dos solos e as queimadas são também problemas ecológicos que maculam a imagem da agricultura.

Quinta explicação: a política. Hoje, o movimento dos "sem--terra" é muito bem organizado, tem a cobertura da mídia e consegue sensibilizar a sociedade. Mesmo sem entender direito o que está acontecendo, grande parcela da população apoia a ideia da reforma agrária. Já a organização dos "com-terra" está fraca. Associações desmobilizadas, cooperativas falidas, entidades desacreditadas. Os agricultores tradicionais, em sua maioria, continuam isolados, cada qual cuidando da sua vida. E esse isolamento enfraquece a categoria dos produtores rurais.

No endividamento recente da agricultura reside a sexta explicação: parte considerável dos produtores rurais, falidos pelas inconsistências da política de crédito rural, ganhou a fama de caloteiros ao lutar pelo perdão de suas dívidas. Foi um erro estratégico das lideranças rurais, somado ao desconhecimento dos setores econômicos do governo para com a real situação da agricultura. Embora muitos grandes proprietários rurais tenham desviado o crédito rural para a compra de terras, a maioria dos produtores ficou prejudicada devido ao descasamento das dívidas provocada pelo Plano Collor, desde 1989.

A correção dos débitos pela famigerada TR (Taxa Referencial) jogou os agricultores numa ciranda financeira da qual eles nunca mais conseguiram sair. Novas dívidas eram feitas para quitar as antigas, empurrando a situação para a frente. Com a chegada do Plano Real, o drama do endividamento aflorou e se mostrou insustentável. Veio a securitização, favorecendo principalmente os menores devedores, aliviando o setor. Junto com ela, trouxe a fama de maus pagadores.

Nessas seis razões, entre outras, encontra-se a explicação para a imagem negativa, discriminatória e preconceituosa, que a sociedade urbana tem da agricultura. Se a opinião pública não valoriza os produtores rurais, jamais o setor será beneficiado com políticas de amparo e apoio como está precisando.

Como promover essa valorização? Como mudar essa imagem desgastada? Como mostrar para a sociedade que a agricultura é solução e não problema?

Inicialmente é preciso ter um sentido maior de associativismo, de cooperativismo, de solidariedade, de união entre os produtores rurais. Se os "sem-terra" formam um movimento forte, porque organizado, os "com-terra" precisam aprender a lição. Os setores ligados aos agronegócios precisam aprender a se organizar para defender seus interesses. E mais: além de urgente, a organização social é tarefa que cabe somente ao próprio setor agropecuário realizar.

Junto com a organização, vem a representação política da agricultura. Por mais que a bancada ruralista se apresente como defensora do campo, na verdade sua imagem na mídia é negativa, pois parece defender os privilégios dos grandes proprietários, junto com seus próprios interesses fisiológicos. Para mudar isso, é necessário romper com o "ruralismo", enxergando a agricultura como elo, embora fundamental, de toda uma cadeia produtiva que vai da roça até a mesa do consumidor, interno ou de outros países.

Pensar a agricultura como agronegócio é um imperativo dos tempos. Quem pensar isoladamente seu setor de produção perde força na competitividade do mercado. Isso é tanto mais verdadeiro para a produção rural, aquela chamada de "dentro da porteira". Pelo contrário, o raciocínio das cadeias produtivas na agricultura valoriza a integração e permite ganhos de produtividade conjuntos. Isso vale tanto para as decisões empresariais quanto para a expressão política dos setores ligados à agricultura.

Para melhorar sua representação política, uma nova comunicação precisa ser formulada, buscando-se uma linguagem diferente, adequada à sociedade de massas. É preciso repensar o discurso da agricultura e acabar com a imagem de que o agricultor é "chorão". Mudar a linguagem é um imperativo para mostrar a verdadeira face da agricultura à sociedade. Mudando a comunicação, adequando a linguagem da agricultura, a cara do campo também muda. O discurso antigo, irado, estreito, está ultrapassado. Pior, depõe contra a agricultura.

O chavão de que o Brasil é um país essencialmente agrícola precisa ser substituído pela nova realidade econômica. A agricultura, embora represente 10% do Produto Interno Bruto (PIB) brasileiro, movimenta uma série de negócios que, somados, atingem 35% do PIB. Essa é a força das cadeias produtivas ligadas à nossa agropecuária. Quanto ao emprego, perto de 50% está ligado aos agronegócios. Isso quer dizer, simplesmente, que a agricultura é a base da economia brasileira. Essa é a sua força.

Investir no campo não significa enriquecer os agricultores. Fortalecer a agricultura significa melhorar as cidades e dinamizar o interior. Ganham o comércio, os serviços, o emprego, o Brasil. Essa visão moderna, contraposta ao ruralismo, é a chance de mudar a imagem negativa do setor agropecuário.

Se a agricultura realmente conseguir se comunicar através de uma nova linguagem, se melhorar sua representação política e, o mais importante, se se organizar, o resto acontece. Aí se poderá, enfim, criar uma verdadeira política agrícola, que deverá ser chamada de política dos agronegócios. Nesse momento, a agricultura estará colocada no centro da política econômica do país.

Tomara!

"AGRICULTURA FAMILIAR" E A NOVA FASE DA AGRICULTURA BRASILEIRA[1]

Zander Navarro

I. A institucionalização da agricultura familiar no Brasil

O exame dos fatos que deram origem, no Brasil, à expressão "agricultura familiar", revela uma *rationale* completamente distinta do caso norte-americano, cujos resultados empíricos foram esboçados na seção anterior e as origens históricas sintetizadas na primeira seção.[2] Não obstante as políticas governamentais daquele país, construídas a partir dos anos 1940, terem inspirado o modelo seguido para modernizar a agricultura brasileira nos anos de 1968-1981 e, por conseguinte, diversas tendências observadas no desenvolvimento agrário norte-americano serem também notadas no caso brasileiro mais

---

[1] Terceira seção do livro *Agricultura familiar: é preciso mudar para avançar*, escrito em coautoria com Maria Thereza Macedo Pedroso e publicado na "Série Textos para Discussão", n.42, 2011, p.103-123.

[2] Conforme o sumário deste livro, esse excerto foi retirado de livro que, em uma das seções, compara as trajetórias da "agricultura familiar" nos Estados Unidos (onde os critérios para sua delimitação são radicalmente diferentes dos do Brasil) e as particularidades que asseguraram a institucionalização de tal expressão em nosso país. A publicação está disponível no endereço: <http://www.cecat.embrapa.br/estudos-estrategicos/tecnico-cientificas/zn_mtp_afeprecisomudar.pdf> (acesso em: 16/06/2015).

recente, no tocante à agricultura familiar e sua institucionalização, existem facetas, no entanto, muito diversas e que precisam ser destacadas. Talvez sejam três as diferenças mais nítidas, quando comparados o desenvolvimento agrário norte-americano e o brasileiro.

A primeira delas é estrutural e diz respeito à distribuição da propriedade, pois os processos históricos, nos Estados Unidos, consagraram a pequena propriedade no processo de colonização e ocupação da terra na maior parte das regiões, processo formalmente iniciado com a distribuição de terras públicas a partir da famosa "lei de terras" (o "Homestead Act", assinado em maio de 1862). Não obstante aquele histórico documento redistributivo, que abriu caminho para consolidar uma estrutura fundiária assentada na agricultura familiar de pequenos estabelecimentos, um século e meio depois se observou, como esperado, um processo de reconcentração fundiária, expresso no índice de Gini que, nos Estados Unidos, é relativamente elevado (0,74). Aqui se abre a necessidade de estudos comparativos mais minuciosos, que examinem os processos de colonização nos dois países, inclusive como esse povoamento consolidou distintas formas de distribuição espacial da população e a formação dos respectivos mercados internos. Adicionalmente, nos Estados Unidos, a apropriação da terra, como se sabe, opôs estados sulistas dedicados à *plantation* (do algodão, por exemplo), assentados na forma de trabalho escrava, em radical contraste com o povoamento que historicamente demarcou nos estados nortistas a agricultura de pequenos estabelecimentos. Essa oposição está na base da Guerra da Secessão (1861-1865) e a posterior explosão da industrialização nos Estados Unidos. São esses alguns aspectos históricos cruciais que, comparados, permitirão entender mais corretamente a gênese de uma agricultura inicialmente dedicada à subsistência, posteriormente integrados aos mercados que se formariam com a aceleração da urbanização.

A segunda diferença a ser ressaltada diz respeito à natureza completamente diversa das "instituições do mundo rural". Nos Estados Unidos, notadamente as igrejas (e particularmente aquelas de denominação protestante) sempre exerceram um papel ativo de pressão sobre os organismos governamentais, forçando-os a programar políticas de apoio às comunidades rurais, ampliando os serviços diversos que garantissem a manutenção daquelas comunidades e atenuassem os processos migratórios que foram esvaziando o campo. Como é notório, embora a população rural tenha sido reduzida dramaticamente, ao longo de um século, não é correto interpretar, naquele país, a emigração rural como tendo sido sempre, e principalmente, o resultado de "fatores de expulsão". Pelo contrário, o esvaziamento das comunidades rurais representou a atração irresistível dos processos de expansão econômica experimentado pelos Estados Unidos a partir do final do século XIX, estimulando a urbanização acelerada e tornando o país, no século seguinte, a maior potência do mundo capitalista.

Por fim, há um terceiro aspecto decisivo que indica situações históricas diferenciadas entre os dois países, e que diz respeito à formação de uma comunidade de cientistas sociais interessados no mundo rural e, também, a relação do resultado de seu trabalho com as políticas governamentais. No caso brasileiro, não apenas a constituição dessa comunidade é fenômeno recentíssimo como, em particular, são pesquisadores que quase sempre permaneceram à margem da ação governamental, mantendo-se relativamente críticos das intervenções realizadas pelo Estado (sobretudo em face da presença tão significativa de um filomarxismo nas análises desses autores). O caso norte-americano, contrariamente, é uma exceção mundial, pois a formação da Sociologia Rural foi animada inicialmente pelas iniciativas das igrejas e do governo do país, diante do rápido processo de redução demográfica no campo que foi observado no transcurso do século, conforme antes indicado. Por essa razão, a manutenção da pequena propriedade (ou seja, a agricultura familiar), já no nascedouro dessa nova ciência tópica seria um dos temas principais, sendo esta a razão pela qual a tipificação dos familiares e os estudos sobre esse grande grupo fizeram parte da própria gênese das ciências sociais dedicadas aos processos sociais rurais nos Estados Unidos.

No Brasil, o surgimento da expressão "agricultura familiar", como antes citado, se deu sob um contexto radicalmente diferente e a "legalização" da expressão também obedeceu a diretivas igualmente distintas. Com exceção do critério preliminar de "gestão", que a lei brasileira estipula, e que é o mesmo no caso da tipificação norte-americana, os três outros critérios, ao contrário, curiosamente *não são econômicos*. Segundo o estipulado pela lei n.11.326 (julho de 2006),

> considera-se agricultor familiar e empreendedor familiar rural aquele que pratica atividades no meio rural, atendendo, simultaneamente, aos seguintes requisitos: (I) não detenha, a qualquer título, área maior do que 4 (quatro) módulos fiscais; (II) utilize predominantemente mão de obra da própria família nas atividades econômicas do seu estabelecimento ou empreendimento; (III) tenha renda familiar predominantemente originada de atividades econômicas vinculadas ao próprio estabelecimento ou empreendimento; (IV) dirija seu estabelecimento ou empreendimento com sua família.

Por que esses critérios previstos legalmente responderam a outros objetivos, mas não se prenderam à natureza econômica das atividades agropecuárias?

O primeiro deles diz respeito ao tamanho do estabelecimento. Seria uma variável óbvia de delimitação, inclusive porque o senso comum identifica os produtores familiares com a ideia genérica de "pequenos produtores". No entanto, no caso brasileiro, esse critério respondeu, de fato, a um interesse sindical e foi o resultado de uma bem-sucedida operação capitaneada pela Confederação Nacional dos Trabalhadores na Agricultura (Contag), na primeira metade dos anos 1990. O objetivo principal, nesse caso, de certa forma, foi "cercar" a base social da Confederação e suas federações e sindicatos, dessa forma se antecipando a uma futura ação governamental (depois institucionalizada, quando nasceu o Pronaf) e dirigindo majoritariamente qualquer política governamental ao seu próprio público. As facetas dessa operação sindical já foram detalhadas em outros trabalhos e não requerem repetição nessa parte. Apenas se insista, sobre esse ponto, que o tamanho de área prevista em lei não tem nenhuma justificativa econômica, mas obedeceu a um *critério político-sindical* (obviamente legítimo, deve ser sempre enfatizado). Se aplicado às realidades agrárias e isoladamente, esse critério em si mesmo seria de problemática utilidade empírica para tipificar essencialmente (como grupo que seria relativamente homogêneo) o conjunto intitulado de familiar. Quatro módulos fiscais, *grosso modo*, equivalerão a imóveis rurais com significativa variação de área total, entre 20 hectares, se situados na proximidade de capitais, a 400 hectares, esta última área correspondendo ao que é mais corriqueiro na região amazônica. São limites que podem comportar atividades produtivas (e resultados econômicos) muito distintas, englobando desde subconjuntos totalmente integrados a mercados (como a avicultura ou a suinocultura sulistas) ou certos tipos de produção de hortigranjeiros, em oposição a outras famílias rurais que poderiam estar ainda escassamente monetarizadas em sua vida social, ainda que detentoras de áreas maiores.

O segundo critério, quando sugere (implicitamente) que os agricultores denominados de familiares *não podem contratar mão de obra externa*, ao propor que se utilize "predominantemente mão de obra da própria família" não apresenta, da mesma forma, nenhuma justificativa econômica. Por que tais produtores, mantendo a direção das atividades, não poderiam contratar trabalhadores externos? Se existem inúmeras firmas familiares, em outros ramos produtivos, muitas delas de enorme peso econômico e que são contratantes de uma força de trabalho significativa, por que os produtores rurais não poderiam fazê-lo, à medida que suas atividades prosperem e, assim, mais trabalhadores são necessários ao processo produtivo? A lei, nesse caso, poderia ser explícita sobre essa restrição apenas para limitar a distribuição de fundos públicos, os quais, então, seriam reduzidos ou até mesmo impedidos, na medida em que a atividade econômica dessas unidades com números crescentes de trabalhadores contratados mostrasse uma desenvoltura maior, registrando resultados financeiros mais significativos. Se assim fosse, preceituaria a lei, não se justificaria o acesso privilegiado aos financiamentos do Pronaf, pois esses seriam produtores que, sob os processos clássicos de diferenciação social, estariam a caminho de se tornarem futuros empresários rurais e, dessa forma, o acesso aos fundos públicos deveria ser viabilizado sob outras linhas de crédito. Mas sob esse entendimento, o critério "direção familiar" não faria mais nenhum sentido (pois praticamente todos os estabelecimentos rurais são dirigidos pela família, mesmo a vasta maioria dos maiores imóveis, em termos de tamanho) e, assim, apenas critérios de renda, porte econômico e extensão da área é que deveriam segmentar a ação das políticas governamentais dirigidas aos pequenos produtores.

Na realidade, a justificativa para esse critério, que está na origem da lei, é meramente *ideológica*, e deriva da aceitação de uma visão sobre o trabalho contratado que nos remete à tradição marxista. Ou seja, existe sob esse critério uma teoria de exploração social que é parte essencial e fundante do *corpus* marxista. Os sindicalistas (e seus assessores) que, na primeira metade dos anos 1990, realizaram diversos eventos e ações destinados a tentar forçar a implantação de novas políticas públicas para os "pequenos produtores" (a expressão então dominante), eram na ocasião fortemente influenciados por uma postura anticapitalista e muitos de seus aderentes eram imbuídos de uma leitura marxista, ainda que simplória, da vida social. Sob tal orientação política anticapitalista, assumiam uma teorização que demonizava "os patrões" do mundo rural e, por via de consequência, defendiam que o mundo rural deveria ser ocupado por propriedades sob gestão familiar de modo que todos os membros da família seriam, também, os próprios trabalhadores, não existindo nesses estabelecimentos a exploração do trabalho assalariado e nem a "apropriação de mais-valia".

José de Souza Martins, em iluminador artigo, agregou novos argumentos empíricos. Trata-se de um texto no qual discutiu as "situações diferenciais de classe social", comparando as situações sociais de um *camponês ideal* com a condição operária. O artigo é emblemático porque nele o autor analisa iniciativas da Comissão Pastoral da Terra (CPT), a partir de meados dos anos 1970, quando foram organizados cursos para seus agentes, mas também para trabalhadores recrutados para a militância política, além de outros simpatizantes envolvidos com aquelas atividades. Foram diversos os cursos e Martins aponta que em sua condição de ministrante escolheu a categoria classe social como meio para discutir a diversificação social das sociedades contemporâneas, as gradações de riqueza e pobreza, as mentalidades, entre tantas outras possibilidades. Mas enfatiza que uma das dificuldades para organizar o debate, sem predefinições políticas, foi exatamente a perspectiva ideologizada da maior parte dos participantes. Segundo enfatizou, predominava uma

> consciência social e política dominada pelo reconhecimento de que apenas a classe operária é uma classe que luta por transformações sociais, uma classe dotada do mandato histórico das mudanças ou uma classe reveladora das contradições sociais.[3]

Lembrando o papel amplo e decisivo das iniciativas da Igreja Católica como agente de recrutamento e formadora da maior parte dos dirigentes das organizações rurais que pretendiam representar os pequenos produtores e os trabalhadores rurais, eram posturas que indicavam a aceitação, ainda que ocasionalmente deformada e parcial, de um foco pré-marxista. Trata-se de visão que embute, necessariamente, uma teoria de exploração social e suas respectivas posições de classe.

Objetivamente, e por oposição, prevalecia então uma postura normativa (e romântica) sobre o que deveria ser o mundo rural, resultante de visões religiosas e ideológicas, as quais, por certo, foram interpretadas facilmente à luz da trajetória de iniquidades que é típica da história social das regiões rurais. Confrontados, contudo, com as realidades agrárias, onde a contratação de trabalhadores externos ocorre amiúde, a saída encontrada foi incorporar o "predominantemente" sugerido na lei, abrindo uma janela para a contratação "esporádica" de um pequeno número de assalariados rurais por parte dos pequenos produtores. Ironicamente, é como se os pequenos produtores tivessem a permissão para ser "meio-patrões" ou, talvez, "patrões ocasionais", mas nunca assumirem a (supostamente pecaminosa) completude do assalariamento permanente em

---

3 Conforme Martins, Situações diferenciais de classe social: operários e camponeses, p. 54.

suas propriedades. Essa é, desta forma, a justificativa para o preceito legal que impede a contratação de força de trabalho externo, um critério que nem remotamente foi motivado por qualquer justificativa econômica.

Finalmente, o terceiro critério estipulado pela lei, indicado acima, é ainda mais surpreendente, se não exótico, ao prever que a adjetivação "familiar" limite, na prática, o nível de ganho das famílias rurais, pois a "a renda familiar [precisa ser] predominantemente originada de atividades econômicas vinculadas ao próprio estabelecimento". Não obstante ser uma variável essencialmente econômica, a justificativa para esse critério, de fato, não se sustenta sob nenhum argumento econômico razoável. As experiências de sociedades onde a agricultura mais se desenvolveu indicam, pelo contrário, que as famílias rurais ampliaram as suas chances de prosperidade exatamente quando alguns de seus membros diversificaram suas atividades, seja o trabalho não agrícola ou, até mesmo, quando ocuparam formas de trabalho não rurais, embora continuassem residindo com a família em áreas rurais. Tem sido assim em todas as regiões de diferentes países onde a prosperidade rural foi alcançada. No caso norte-americano, considerados *todos os estabelecimentos rurais*, quase 90% da renda familiar é originada de fontes não agrícolas, conforme diversas pesquisas realizadas. No caso brasileiro, detalhados estudos sobre pluriatividade mostraram exatamente a gênese dessa mesma tendência em algumas regiões rurais brasileiras, sobretudo em estados sulistas.

Por que então esse estranho critério, que ignorou radicalmente o conhecimento e a experiência amplamente conhecida de outros contextos, também sugerindo que as famílias rurais devem se dedicar apenas às lides agrícolas, exclusivamente, para serem consideradas como uma parte do conjunto familiar e, assim, se inscreverem como beneficiárias de políticas públicas? Impedido de aumentar a renda familiar com outras ocupações não agrícolas, e inexistindo mecanismos públicos de garantia de renda final, por meio de subsídios, isenções fiscais, seguro agrícola e outras políticas, qual produtor resistiria à queda histórica dos preços dos produtos agrícolas, tendência que tem sido observada em todas as situações nacionais que experimentaram processos de modernização capitalista de suas agriculturas? Os dados oficiais demonstram, por exemplo, que em 35 anos de expansão da agricultura moderna os preços mundiais dos alimentos caíram aproximadamente 75% em termos reais, o que garantiu custos de reprodução da força de trabalho mais baixos, mas igualmente significou rendas agrícolas mais baixas, quando aqueles mecanismos de garantia de renda ainda inexistem. Dessa forma, em praticamente todas as situações o trabalho fora da propriedade tem sido uma forma de complementação de renda essencial à manutenção da propriedade rural, trabalho este agrícola, mas fora da propriedade, ou outra ocupação rural ou urbana, embora mantendo a moradia rural. A "proibição" do trabalho de atividades fora do estabelecimento, portanto, soa absurda, conforme o estipulado em lei, sendo incompreensível que tenha sido assim aprovado. Como explicar esse preceito tão estranho?

A sugestão que apresentamos, para explicar esse excêntrico critério inscrito na lei, e que parece ser a única possível, é que sua inserção deve-se ao imaginário religioso (sobretudo católico) imperante em áreas rurais. Em especial, entre os dirigentes sindicais, agentes religiosos e operadores políticos que estiveram presentes nas ações tendentes à formulação dessa ideia sobre agricultura familiar na primeira metade da década de 1990. Quase todos aqueles dirigentes e militantes, de fato, vieram de escolas e experiências de formação política que foram organizadas pela Igreja Católica, particularmente no final dos anos 1970, inspiradas pela Teologia da Libertação. Suas visões de mundo sempre mantiveram, fortemente, um ideal de sociedade (no caso, "rural") que continha tonalidades idílicas de preservação de comunidades integradas por pequenos produtores, irmanados em atividades de produção de alimentos, com significativos componentes de autoconsumo e, portanto, baixa participação em diferentes mercados. Conforme a análise de um dos maiores conhecedores da cultura das classes subalternas rurais:

> Em relação à Igreja [Católica] o que se nota é que ela também muda de posição a partir de 1973 [...] A Igreja começa a trabalhar

o problema não na perspectiva da acumulação, mas na perspectiva da distribuição. É isso que vai marcar toda a posição dela até hoje, trabalhar com a ideia do pobre e da pobreza, e não com a ideia da acumulação, que é o que está presente muitas vezes nas posições dos partidos políticos de oposições, os partidos de esquerda em geral [...] A Igreja aparece nesse momento muito preocupada com os direitos das pessoas, aparece muito preocupada com o fato de que existem direitos consagrados na lei, e direitos que não são respeitados na prática. Isso aparece praticamente em todas as discussões, inclusive naquela que diz respeito ao direito à propriedade [...] A propriedade que ela está defendendo agora não é exatamente a mesma propriedade que o Estado está defendendo, e menos ainda a propriedade que o Estado tem defendido depois de 1964. Fica claro que o Estado está defendendo a propriedade capitalista, uma forma de propriedade que é expropriativa, e que é causadora do desenraizamento das populações rurais, do estabelecimento não só da miséria econômica, mas também da miséria moral e social. Enfim, a Igreja começa a denunciar um processo de desumanização do homem. Ao mesmo tempo, fica evidente que a Igreja está fazendo uma crítica ao economicismo que norteia a política econômica do governo, não só ao economicismo no sentido da crítica a uma certa concepção de lucro, mas também a crítica ao economicismo como racionalização econômica, uma certa concepção da razão que está presente na política do Estado e que conflita com a ideia de pessoa, com a ideia de liberdade [...] É isto que aparece quando a Igreja fala em propriedade comunitária, quando fala em outras formas de propriedade que ela valoriza. Ela não está dizendo que esta é a solução [...] O que ela está mencionando é que na medida em que os trabalhadores, nas condições concretas do conflito e do confronto com os grandes proprietários e com o Estado, desenvolvem certas formas de ocupação temporária ou permanente (isto a história dirá) da terra, eficientes ou não eficientes do ponto de vista econômico (afinal não é isto que está em jogo), estas são formas de resistência e de sustentação da própria luta social [...] Claro que a valorização, por exemplo, do comunitário em relação à ocupação da terra, tem muito a ver com a própria tradição da Igreja em relação às formas de vida; um pouco a recuperação da tradição camponesa que nunca abandonou as bases do pensamento da Igreja [...].⁴

Em síntese, concluindo esta seção: a tradição norte-americana, onde a ação governamental e as análises dos cientistas sociais foram fortemente imbricadas, desde o seu nascedouro, é a única na qual a expressão "agricultura familiar" encontrou campo mais fértil, durante a maior parte do século passado. Mas, naquele país, os critérios delimitadores para circunscrever esse conjunto social, como seria o esperado, foram essencialmente econômicos, e os subtipos atualmente definidos são segmentados exclusivamente pelos níveis de venda da produção. No Brasil, ao contrário, os critérios foram sindical, político-ideológico e religioso, refletindo a capacidade de pressão e a interferência de atores sociais interessados em manter sua posição no espaço rural.

[...] A lei da agricultura familiar, estranhamente, fez *tabula rasa* das evidências empíricas e da história agrária e, ainda mais gravemente, entendeu a agricultura a partir de lentes opostas à lógica econômica prevalecente no mundo rural. Trata-se de preceito legal irracional e inteiramente alheio às realidades do mundo rural brasileiro. Por isso, é preciso repensar os critérios que definem o conjunto de agricultores familiares sob gestão familiar, com o objetivo de ampliar a eficácia da ação governamental e aperfeiçoar as políticas públicas destinadas aos mais pobres do mundo rural.

Ainda mais preocupante, em relação ao destino dos pequenos produtores familiares, as tendências gerais em relação à história da agricultura nos Estados Unidos sugerem crescentes desafios para a reprodução social daquele conjunto de produtores. A tabela apresentada sistematiza algumas informações comparativas sobre os casos brasileiro e norte-americano, comprovando as tendências apontadas nesta seção, as quais podem ser sintetizadas a partir do aprendizado histórico ocorrido naquele país. Ou seja, foi exatamente durante um período expansionista (o pós-guerra, estendendo-se até o final dos

---

4 Conforme Martins, *Igreja e questão agrária*, p.119 e 125 (ênfase do autor).

anos 1970) que as propriedades familiares de menor porte, nos Estados Unidos, foram fortemente afetadas pela lógica concentradora da expansão capitalista na agricultura. O caso brasileiro, hoje alicerçado em sólidas bases tecnológicas e, provavelmente, experimentando o início de um período expansionista similar, repetirá aquelas tendências? Note-se que um desses aspectos, a concentração da produção, já demonstra números ainda mais agudos no Brasil, resultante do crescimento das atividades agropecuárias ocorridas durante um período (em anos) bem mais curto em relação ao caso norte-americano.

II. Síntese comparativa estatística

Apresentados os múltiplos aspectos que devem informar o debate sobre a agricultura que é administrada por núcleos familiares, com ênfase nos menores estabelecimentos, esta parte final apresenta uma síntese estatística que compara o caso norte-americano ao brasileiro. Ou seja, foi apresentada inicialmente uma sintética descrição sobre os debates entre cientistas sociais, nos Estados Unidos e na Europa, ressaltando serem tão diversos os caminhos analíticos, no âmbito daquelas duas tradições, seguida de uma tentativa de propor uma tipologia do mesmo debate entre os cientistas sociais brasileiros. Fica assim saliente, dessa forma, a distância, algo surpreendente, entre o debate brasileiro e os debates em outros países, pois o primeiro acompanhou apenas superficialmente a literatura internacional sobre o tema. A publicação citada anteriormente também justificou a importância de apresentar os fatos históricos sobre a agricultura familiar nos Estados Unidos, pois especialmente no tocante à ação governamental que pretendeu modernizar tecnologicamente a agropecuária, a experiência norte-americana foi o modelo inspirador do mesmo processo no Brasil. Aquele foi aprendizado, portanto, que serviu de arcabouço para o intenso intento modernizante implantado a partir do final dos anos 1960 em regiões rurais brasileiras. Em face desse paralelismo, julga-se de grande relevância a comparação entre os dois países. No caso norte-americano, além disso, a institucionalização de uma noção de "agricultura familiar", desde os seus primórdios, obedeceu a dois aspectos basilares: primeiramente, entender que o termo "familiar" se refere apenas à forma de administração do estabelecimento – e nada mais. Nunca foi considerado, naquele país, que o termo encerrasse em si mesmo outras "virtudes sociais e comportamentais". Em segundo lugar, a atividade agropecuária foi considerada, nos Estados Unidos, e sempre, como uma atividade econômica e, portanto, os critérios de aferição dos estabelecimentos rurais destinados a segmentá-los, em diversos subgrupos, foram variáveis econômicas, a mais recente sendo tão somente o valor das vendas realizadas pelos produtores rurais.

Realizada essa comparação, a terceira seção do estudo analisou então o processo de institucionalização da agricultura chamada de familiar no Brasil, verificando terem sido inteiramente distintos os ditames que orientaram o nascimento da expressão e sua transformação em política governamental. Foram então apresentadas as razões que justificaram o conjunto de critérios identificadores da agricultura familiar no caso brasileiro, surgindo, com alguma surpresa, critérios que, todos eles, ignoraram, por exemplo, ser a agropecuária uma atividade econômica, pois seguiram outras justificativas.

À luz dessa análise anterior, o Quadro 1 a seguir sintetiza numericamente, de acordo com algumas variáveis que são consideradas como sendo as mais essenciais, a comparação entre os resultados do desenvolvimento agrário nos Estados Unidos e o caso brasileiro, o que acaba comprovando que, de fato, as tendências observadas naquele país vão encontrando guarida nas realidades agrárias brasileiras. Às vezes com algum retardamento, diante das diferenças históricas entre os dois países e, outras vezes, como reflexo de ter sido mais recente o desenvolvimento capitalista em regiões rurais do Brasil. Não houve, por exemplo, nenhuma mudança significativa no número de estabelecimentos rurais ainda existentes no Brasil. A intensificação econômica dos anos mais recentes ainda não implicou a queda, que foi abrupta logo após a Segunda Guerra, daquele mesmo número, quando examinado o caso do país do Norte. Por outro lado, no entanto, provavelmente devido ao ritmo de crescimento da produtividade que é mais elevado, o Brasil já apresenta proporções de concentração da produção agropecuária que são bem mais dramáticas do que o caso norte-americano, evidência destacada pela impressionante estatística apurada no Censo de 2006: menos de 0,5% dos estabelecimentos rurais respondia, naquele ano, por metade do valor da produção agropecuária brasileira (incluindo o autoconsumo).

Quadro 1 – Comparação entre alguns aspectos característicos do desenvolvimento agrário nos Estados Unidos e no Brasil (anos diversos)

	Agricultura / PIB
Estados Unidos	2,1% (1959) – 1,3% (1999)
Brasil	9,7 % (2004) – 5,2% (2009)
	PEA rural
Estados Unidos	18,0% (1947) – 1,8% (1995)
Brasil	68,8% (1940) – 16,2% (2008) (*)
	Trabalho contratado / população total
Estados Unidos	18,3% (1930) – 3,8% (2000)
Brasil	2009: *"Pela primeira vez, o campo deixa de ser o maior empregador, entre todos os setores"* (PNAD)
	Produtividade (**)
Estados Unidos	US$ 5.200 (1930) – US$ 54.500 (2000)
Brasil	*"entre 1970 e 2006, 65,0% do crescimento do produto agropecuário foi devido ao aumento da produtividade total dos fatores"*
	Número de estabelecimentos rurais (1.000)
Estados Unidos	5.648 (1950) – 2.191 (1999)
Brasil	4.988 (1975) – 5.175 (2006)
	Percentual dos estabelecimentos que produzem a metade da produção (***)
Estados Unidos	17% (1900) – 3,6% (1997)
Brasil	0,43% (2006)

Fonte: Censos e autores diversos, nos dois países.

(*) A estatística relativa a 1940 se refere à população residente em relação à população total e, em 2008, à população economicamente ativa na agricultura em relação à população total.
(**) Produtividade, nos Estados Unidos, se refere ao valor produzido, em termos reais, por unidade de trabalho. No Brasil, se refere à produtividade total de fatores.
(***) Nos Estados Unidos, essa proporção se refere ao "volume de vendas" realizadas. No Brasil, se refere ao valor total da produção mais o valor do autoconsumo.

Esse fato, tão significativo em si mesmo, se associado a outras tendências, como a rápida diminuição da população total envolvida em atividades agropecuárias e a perda de importância relativa da agropecuária, tanto em relação ao restante dos demais setores produtivos, como também em relação ao seu papel de demandante de força de trabalho, indica um processo de rápidas transformações estruturais no mundo rural brasileiro, sem paralelo com outras situações históricas passadas.

III. A agropecuária brasileira: abre-se uma nova fase[5]

Estudos sobre periodização são corriqueiros na literatura econômica, em outros países, mas essa tem sido uma lacuna da bibliografia brasileira sobre a agricultura. Não são exercícios diletantes, pois a análise das diversas fases do desenvolvimento produz conhecimento robusto a respeito das razões pelas quais páginas foram viradas ou, então, examinando à frente, sobre as perspectivas de um novo momento produtivo. Permite prever com mais consistência o futuro e antecipar-se aos seus desafios. Em síntese, o estudo das periodizações é essencial para construir entendimentos estratégicos sobre qualquer setor econômico.

Evidências fortes sugerem que nos últimos quinze anos abriu-se um novo capítulo na história da agropecuária brasileira. Quais ingredientes encerraram o período anterior e viabilizaram uma nova fase? Essa nota comenta exclusivamente sobre alguns aspectos econômico-produtivos, provavelmente os principais. Citam-se três aspectos, sem desmerecer outros, como, por exemplo, a conquista do Cerrado com a domesticação tecnológica da soja (um trunfo científico da Embrapa) ou, ainda, as implicações da crescente normatização ambiental sobre o funcionamento da agropecuária.

---

5 Escrito em coautoria com José Garcia Gasques, foi publicado na série "Perspectiva. Pesquisa agropecuária", n.5, jun. 2012.

Que fatores impulsionaram essa intensificação?

Primeiramente, o processo (social e econômico) com raízes distantes no tempo refere-se à formação de uma geração de produtores rurais cada vez mais orientados à busca de resultados econômicos, abertos às inovações tecnológicas e cientes da importância do conhecimento e da informação. Pioneiros da modernização desencadeada na década de 1970 e em sua maioria centro-sulistas, depois buscaram novas fronteiras agrícolas e desenvolveram gradualmente uma forte racionalidade inovadora sobre o "negócio agrícola". Mas somente em meados da década de 1990 emergiram as circunstâncias que favoreceram a ação empreendedora desses produtores.

O segundo fator decorreu de uma "conjuntura virtuosa", que combinou aspectos econômicos mundiais com as mudanças ocorridas no Brasil, especialmente na segunda metade da década de 1990. Entre os primeiros, o ciclo de expansão econômica daqueles anos (o qual se estendeu até a crise de 2008), elevando rendas em muitos países e estimulando a demanda por alimentos, mas também seus preços (embora mais recentemente). Já as mudanças nacionais incluíram a estabilização monetária e o esforço de reorganização do Estado. Também instituíram um novo padrão de financiamento da agricultura, além de uma nova política cambial (1999), que tornou os produtos de exportação mais competitivos. Políticas recentes, seja a elevação real do salário mínimo ou aquelas compensatórias, foram igualmente impactantes. Somados, são aspectos que criaram um ambiente estimulante para a expansão do investimento e da produção, do crescimento do mercado interno e das exportações.

O outro fator principal, talvez um dos mais decisivos para "empurrar" definitivamente a agricultura brasileira para um novo capítulo de sua história, tem sido o peso das importações chinesas de soja, que cresceram espetacularmente no período recente. Como consequência, o Brasil tornou-se o segundo fornecedor da leguminosa para o mercado chinês (Gráfico 1).

Gráfico 1 – Importações totais de soja da China (em mil toneladas)

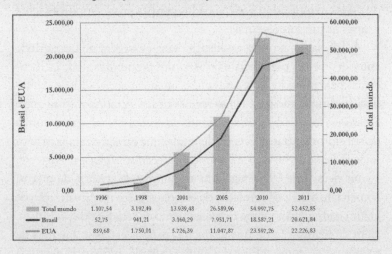

Quais as consequências?

São muitos os resultados e os impactos dessa nova etapa da história rural brasileira. O principal se refere ao significativo crescimento da eficiência geral da atividade agropecuária, indicada pela produtividade total de fatores como a categoria econômica que passou a determinar com primazia a organização produtiva da agricultura. Esse é tema conhecido na literatura e não requer repetição. Mas duas outras relevantes decorrências têm sido minimizadas. Primeiramente, o enraizamento, agora estrutural, de uma sociabilidade capitalista, ou seja, uma nova racionalidade que orienta o comportamento dos produtores no tocante ao processo decisório sobre os formatos tecnológicos, o uso dos recursos e os objetivos finais da atividade.

Essa sociabilidade é ancorada em um binômio que vai se disseminando nas regiões rurais: a multiplicação de mercados e a decorrente monetarização da atividade e, também, da própria vida social do campo. São fenômenos não apenas econômicos, mas com profundas implicações sociais e culturais. O conceito de sociabilidade se refere aos valores principais e aos múltiplos determinantes que orientam os comportamentos sociais em dadas sociedades, os quais podem ser traduzidos em indicadores selecionados por pesquisas empíricas sobre grupos de produtores rurais.

A Tabela 1 é a prova estatística dessa passagem de um período anterior, em que prevaleciam decisões dos produtores ainda influenciadas pelo passado, para a nova fase, em que a sociabilidade capitalista se afirma nitidamente nas regiões rurais. A tabela mostra que o acesso aos fundos favorecidos diretos do Tesouro Nacional, na forma de subsídios ou transferências de renda, que caracterizaram os anos iniciais da modernização, é atualmente mecanismo quase inexistente.

Na década de 1990 mudaram as políticas de crédito, de preços, comercialização e de formação de estoques, além da privatização de algumas atividades (como o carregamento de estoques de produtos), além da instituição de financiamento para os estabelecimentos de menor porte, como o Pronaf. Como resultado, o financiamento da atividade passou a depender do crédito privado dos bancos, fornecedores e cooperativas (sobretudo no Centro-Oeste) ou, então, de fundos públicos, mas pela via bancária. Em suma, o que isso indica é que vem sendo adensada, como nunca antes, a natureza privatizante da atividade produtiva agropecuária, sem os estímulos financeiros favorecidos do passado.

Tabela 1 – Fundos do Tesouro Nacional (TN) destinados diretamente ao apoio a diversas atividades dos produtores rurais brasileiros – Brasil, 1985-2010 (em %)

	1985	1990	1995	2000	2005	2010
Fundos do TN diretamente destinados ao financiamento rural	63,98	26,72	19,70	0,02	2,17	0,00

Fonte: Banco Central do Brasil.

Outro aspecto decisivo foi a gradual (mas relativa) autonomização financeira dos produtores, permitindo ao Estado reduzir suas contribuições para estimular a transformação tecnológica e econômica da agropecuária. A Tabela 2 ilustra a mudança, sugerindo um lento afastamento do Estado da agricultura. Somadas as funções "agricultura" e "organização agrária" dos gastos públicos, suas proporções em relação ao orçamento anual do governo federal vêm caindo sistematicamente, apontando um dinamismo setorial que inexistiu no passado, mas hoje comanda muitas regiões agrícolas. Os gastos foram expressivos ainda durante a década de 1980, mas desde então têm sido gradualmente reduzidos. Evidenciam uma capacidade robustecida do setor para se organizar seguindo caminhos mais independentes da ação governamental.

Tabela 2 – Gasto total do orçamento federal destinado às atividades rurais, incluindo o crédito rural – Brasil, 1980-2010 (em %)

	1980	1986	1987	1988	1990	1995	2000	2010
Orçamento federal destinado a apoiar as atividades rurais	7,54	7,11	11,95	8,63	1,94	5,29	1,96	1,23

Fonte: STN / Ministério da Fazenda.

Essas tendências indicam ser inescapável reinterpretar o desenvolvimento da agropecuária brasileira, pois esse "novo mundo rural" tem poucas afinidades com os processos sociais e econômicos que, até recentemente, ainda organizavam as atividades produtivas. Maiores esforços de pesquisa serão necessários para decifrar essa recém-aberta etapa da história da agricultura no país, orientando novas políticas que resultem em maior eficácia na sua implementação, ampliando os benefícios para os produtores e, por conseguinte, para a sociedade como um todo.

Sobre os autores

Francisco Graziano Neto (Xico Graziano)

Nascido em Araras (SP), é engenheiro agrônomo (Esalq/USP, 1974), mestre em Economia Agrária (USP, 1977) e doutor em Administração (FGV/SP, 1989). Entre 1976 e 1992, foi professor da Unesp (Jaboticabal). Secretário-Geral do Centro Acadêmico "Luiz de Queiroz" (Esalq/USP, 1972), presidiu a Federação dos Estudantes de Agronomia do Brasil entre 1972 e 1973. Escolhido Engenheiro Agrônomo do Ano, pela AEASP (1987), foi secretário estadual do Meio Ambiente (2007-2010), deputado federal pelo PSDB-SP (1998-2006), secretário estadual de Agricultura (1996-98), presidente do Incra (1995) e chefe do Gabinete Pessoal do presidente Fernando Henrique Cardoso (1995). Publicou oito livros: *Questão agrária e ecologia* (1982), *A tragédia da terra* (1992), *O real na estrada* (1995), *Qual reforma agrária?* (1996), *O paradoxo agrário* (1999), *Juventude consciente* (2002), *O carma da terra no Brasil* (2004) e *Almanaque do campo* (2010). Organizador do livro *Renovar Ideias/ITV-PSDB* (2006). Conferencista, comentarista, consultor de agronegócios e sustentabilidade, é sócio-diretor da OIA/Certificação socioambiental e diretor-executivo do site Observador Político.

Zander Navarro

Nascido em Belo Horizonte, é engenheiro agrônomo (UFV, 1972), com especialização em Economia Rural (UFRGS, 1975), mestrado em Sociologia Rural (UFRGS, 1976), doutor em Sociologia (Universidade de Sussex, Inglaterra, 1981) e pós-doutor em Ciência Política (MIT, Estados Unidos, 1991/92). Foi professor visitante nas universidades de Amsterdã (1986) e Toronto (1990), professor (e pesquisador) no Institute of Development Studies (Brighton, Inglaterra, 2003-2010) e professor associado (aposentado) da UFRGS (Porto Alegre) entre os anos de 1976 e 2011. Consultor de diversos organismos internacionais, governamentais e não governamentais e, no Brasil, assessorou inúmeras organizações populares, ONGs e instituições governamentais. É autor (ou coautor) dos livros *Política, protesto e cidadania no campo* (1996), *Reconstruindo a agricultura: ideias e ideais na perspectiva do desenvolvimento rural sustentável* (1997), *Inovações democráticas no Brasil: o caso do orçamento participativo* (2003), *A agricultura brasileira: desempenho, desafios e perspectivas* (2010), *Agricultura familiar: é preciso mudar para avançar* (2011), *Ganhar tempo é possível? A pequena produção rural e as tendências do desenvolvimento agrário brasileiro* (2013) e *O mundo rural no Brasil do século 21: a formação de um novo padrão agrário e agrícola* (2014). Atualmente é pesquisador concursado (A) da Embrapa (Brasília).

Referências bibliográficas

CASSEL, G. Desenvolvimento agrário. *Ciclo de palestras*. Brasília: Presidência da República, Secretaria de Assuntos Estratégicos, 2010. Disponível em <http://www.sae.gov.br/site/?p=3946>.
GASQUES, J. G.; VIEIRA FILHO, J. E. NAVARRO, Z. *A agricultura brasileira*: desempenho, desafios e perspectivas. Brasília: IPEA, 2010.
GOULART, M. Temos de fazer a reforma agrária que o governo não fez, *Folha de S.Paulo*, 21/12/2009.
GRAZIANO, X. *A tragédia da terra*. São Paulo: Iglu Editora, 1991.
_____. *O paradoxo agrário*. Campinas: Pontes, 2000.
_____. *Qual reforma agrária*. São Paulo: Geração, 1996.
GUIMARÃES, A. P. *A crise agrária*. Rio de Janeiro: Paz e Terra, 1978.
HOFFMANN, Rodolfo. Desafio de uma geração. *O Globo*, 27/12/2009.
MARQUES, V. P. M. de A. *Aspectos orçamentários e financeiros da reforma agrária no Brasil (2000-2005)*. Brasília: Incra, 2007 (relatório técnico não publicado). Disponível em: <http://www.reformaagrariaemdados.org.br/sites/default/files/page-flip-4204229-74145-lt_Aspectos_oramentrios_-968930.pdf>.

MARTINS, J. S. A Igreja face à política agrária do Estado. In: PAIVA, V. (org.). *Igreja e questão agrária*. São Paulo: Loyola, 1985.

_____. Situações diferenciais de classe social: operários e camponeses. In: _____. *A sociedade vista do abismo*: novos estudos sobre exclusão, pobreza e classes sociais. Petrópolis: Vozes, 2002.

MELLO, P. F. *Evasão e rotatividade em assentamentos rurais no Rio Grande do Sul*. Dissertação de mestrado – UFRGS/PGDR. Porto Alegre, 2006.

NAVARRO, Z. A vida e os tempos da questão agrária no Brasil. In: TEIXEIRA, E. C. et al. *As questões agrária e da infraestrutura de transportes para o agronegócio*. Viçosa: Editora da UFV, 2011, p.85-112.

_____. Meio século de transformações do mundo rural brasileiro e a ação governamental. *Revista de Política Agrícola*, ano XIX (número especial), jun. 2010, p.107-118.

_____. Mobilização sem emancipação – as lutas sociais dos sem-terra no Brasil. In: SANTOS, B. S. S. (org). *Produzir para viver*. Rio de Janeiro: Civilização Brasileira, 2002. p.189-232. [Ed. ing.: *Another Production is Possible: Beyond the Capitalist Canon*. London: Verso, 2007. p.146-178.]

_____. Nunca cruzaremos este rio – a estranha associação entre o poder do atraso, a história lenta e a "Sociologia militante", e o ocaso da reforma agrária no Brasil, *Redes*, v.13, n.2, 2008, p.5-51. Disponível em: <http://online.unisc.br/seer/index.php/redes/index>.

_____. Os tempos difíceis do Movimento dos Trabalhadores Rurais Sem Terra (MST). In: MATTOS, L. B. et al. (orgs.) *Políticas públicas e desenvolvimento*. Viçosa: Editora da UFV, 2011. [Original em inglês: *Redes*, 2010, v.15, n.1, p.196-223.]

_____. Reforma agrária. In: DI GIOVANNI, G.; NOGUEIRA, M. A. (orgs.). *Dicionário de políticas públicas*. São Paulo: Fundap; Imprensa Oficial, 2013.

_____.; GASQUES, J. G. *Perspectiva. Pesquisa agropecuária*. Brasília: Embrapa Estudos e Capacitação, número 5, jun. 2012.

NAVARRO, Z.; PEDROSO, M. T. M. *Agricultura familiar: é preciso mudar para avançar*. Brasília: Embrapa Informação Tecnológica, 2011, p.103-123. Série Textos para Discussão, número 42.

PRADO Jr., C. *A revolução brasileira*. São Paulo: Brasiliense, 1966.

SCHMIDT, B. et al. (orgs.). *Os assentamentos de reforma agrária no Brasil*. Brasília: UnB, 1998.

STEDILE, J. P. O MST muda o foco, *Carta Capital* (São Paulo), 29/7/2011.

SOBRE O LIVRO

Formato: 14 x 21 cm
Mancha: 23,7 x 42,5 paicas
Tipologia: Horley Old Style 10,5/14
Papel: Off-white 80 g/m² (miolo)
Cartão Supremo 250 g/m² (capa)
1ª edição: 2015

EQUIPE DE REALIZAÇÃO

Capa
Estúdio Bogari

Edição de texto
Gisele Silva (Copidesque)
Vivian Miwa Matsushita (Revisão)

Editoração eletrônica
Sergio Gzeschnik (Diagramação)

Assistência editorial
Alberto Bononi